POUR COMPRENDRE TOUT LE FRANÇAIS

8/9 ans

Magali Diény
Professeur des écoles

Pierre Diény
Professeur des écoles et Directeur d'école primaire

Agnès Otes
Professeur des écoles

Prénom : ....

Nom : ....

Année : ....

Bonjour !
Je suis Oscar, ton ami et ton guide dans ce cahier. N'oublie pas de compléter l'étiquette avec ton nom.

hachette
ÉDUCATION

Présentation

Un cahier entièrement conçu et rédigé par une équipe d'enseignants expérimentés.

Ce cahier a été spécialement conçu pour accompagner l'enfant tout au long de l'année. Il lui permettra de revoir les leçons étudiées en classe à son rythme et de bien s'entraîner grâce à des exercices très progressifs.

Chaque leçon, axée sur une notion du programme, présente tous les contenus nécessaires pour que l'enfant maîtrise cette notion :

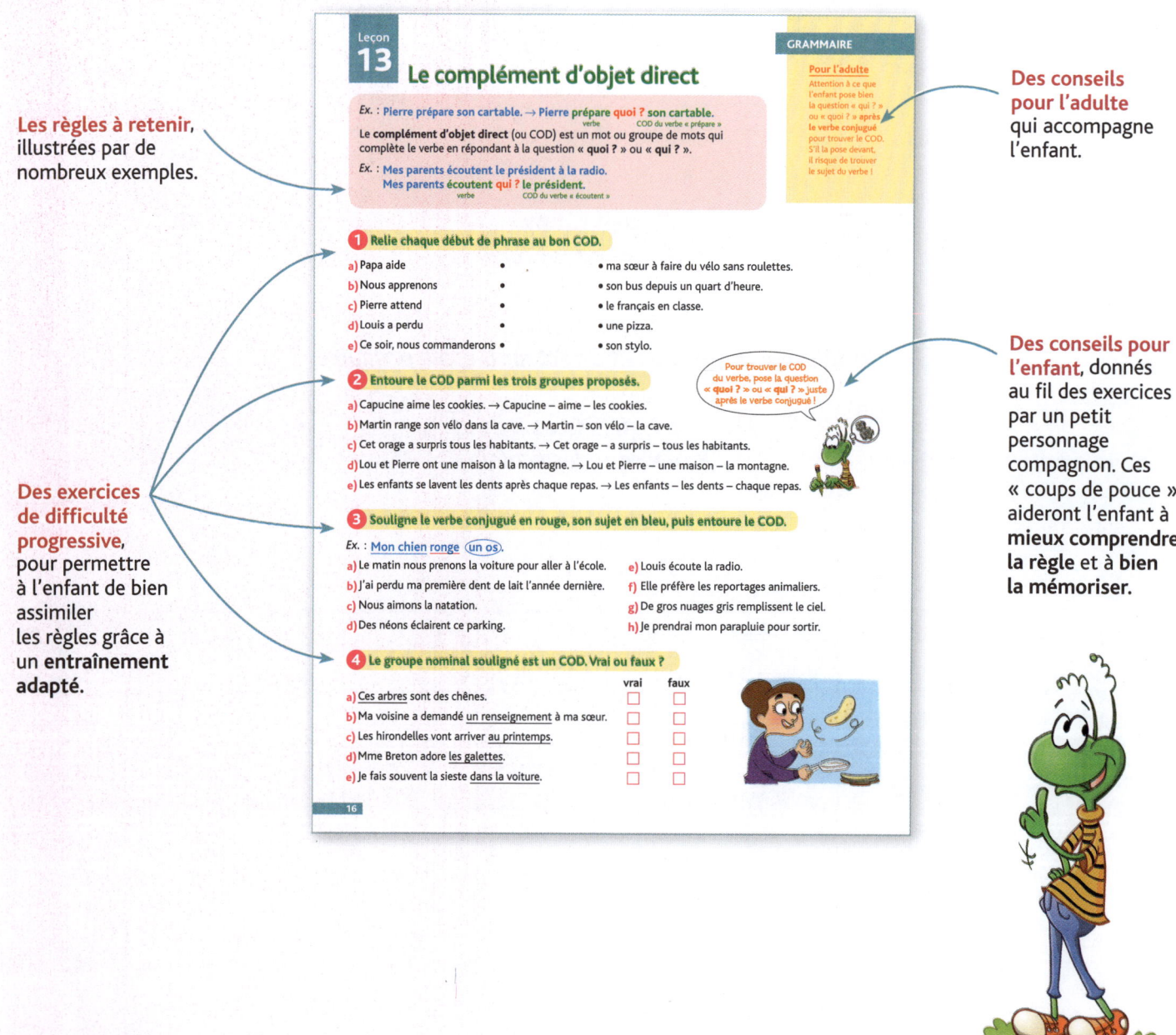

- **Les règles à retenir**, illustrées par de nombreux exemples.
- **Des exercices de difficulté progressive**, pour permettre à l'enfant de bien assimiler les règles grâce à un entraînement adapté.
- **Des conseils pour l'adulte** qui accompagne l'enfant.
- **Des conseils pour l'enfant**, donnés au fil des exercices par un petit personnage compagnon. Ces « coups de pouce » aideront l'enfant à mieux comprendre la règle et à bien la mémoriser.

ISBN : 978-2-01-270674-3
© Hachette Livre 2015, 43 quai de Grenelle, 75905 Paris Cedex 15.
Tous droits de traduction, de reproduction et d'adaptation réservés pour tous pays.
www.hachette-education.com

Maquette de l'intérieur : Karine Nayé
Maquette de couverture : Sylvie Fécamp
Illustration de couverture : Lili la baleine
Dessin de la mascotte « martien » : Pauline Casters
Autres illustrations intérieures : Lili la baleine
Réalisation PAO de l'intérieur : Médiamax

Achevé d'imprimer en Italie par « La Tipografica Varese Srl » - Dépôt légal : Décembre 2014 - Edition : 01 - 24/2227/5

Sommaire

Tous les corrigés à détacher au centre du cahier (pages 32 et 33)

GRAMMAIRE

1. La phrase affirmative et la phrase négative 4
2. La phrase déclarative et la phrase interrogative 5
3. Reconnaître le verbe dans une phrase et donner son infinitif 6
4. Noms propres et noms communs 7
5. Les articles 8
6. Les déterminants possessifs 9
7. Les pronoms personnels sujets 10
8. Les adjectifs qualificatifs 11
9. Le groupe nominal 12
10. L'adverbe 13
11. Nature et fonction d'un mot 14
12. Identifier le sujet du verbe 15
13. Le complément d'objet direct (COD) 16
14. Le complément d'objet indirect (COI) 17
15. Le complément du nom 18
16. Les compléments circonstanciels de lieu, de temps, de manière et de cause 19
17. Les fonctions du groupe nominal dans la phrase 20

CONJUGAISON

18. Notions de passé, présent et futur 21
19. Le présent des verbes du 1er groupe (1) 22
20. Le présent des verbes du 1er groupe (2) 23
21. Le présent des verbes du 2e groupe 24
22. Le futur des verbes des 1er et 2e groupes 25
23. L'imparfait des verbes des 1er et 2e groupes 26
24. Le présent des verbes *être* et *avoir* 27
25. Le présent des verbes *aller*, *dire* et *faire* 28
26. Le présent des verbes *pouvoir*, *partir* et *prendre* 29
27. Le présent des verbes *venir*, *voir* et *vouloir* 30
28. Le futur des verbes *être* et *avoir* 31
29. Le futur des verbes *aller*, *dire* et *faire* 32
30. Le futur des verbes *pouvoir*, *partir* et *prendre* 33
31. Le futur des verbes *venir*, *voir* et *vouloir* 34
32. L'imparfait des verbes *être* et *avoir* 35
33. L'imparfait des verbes *aller*, *dire* et *faire* 36
34. L'imparfait des verbes *pouvoir*, *partir* et *prendre* 37
35. L'imparfait des verbes *venir*, *voir* et *vouloir* 38
36. Le passé composé des verbes *être* et *avoir* 39

ORTHOGRAPHE

37. L'accord dans le groupe nominal : déterminant + nom + adjectif 40
38. Le féminin des adjectifs 41
39. Le pluriel des adjectifs 42
40. L'accord sujet/verbe 43
41. Le pluriel des noms 44
42. Le pluriel des noms en *-al* 45
43. Le pluriel des noms en *-ou* 46
44. Les homophones *a* / *à* 47
45. Les homophones *ont* / *on* 48
46. Les homophones *est* / *et* 49
47. Les homophones *sont* / *son* 50
48. s ou ss ? 51
49. c ou ç ? 52
50. g, gu ou ge ? 53
51. m devant m, b, p 54
52. La lettre finale muette d'un mot 55
53. Les mots invariables 56

VOCABULAIRE

54. Les mots d'un même domaine 57
55. Quelques homonymes courants 58
56. Les synonymes 59
57. Les contraires 60
58. Les familles de mots 61
59. Ranger des mots par ordre alphabétique 62
60. Utiliser le dictionnaire pour trouver le sens d'un mot 63

Leçon 1 : La phrase affirmative et la phrase négative

GRAMMAIRE

Pour l'adulte
Veillez à ce que l'enfant n'oublie pas le premier terme de la négation. Les enfants disent souvent « Je viens pas. » au lieu de « Je ne viens pas. »

phrases affirmatives	phrases négatives
Mon chien ronge son os.	Mon chien ne ronge pas son os.
Je veux encore de ce plat.	Je ne veux plus de ce plat.
Elle le fera toujours.	Elle ne le fera jamais.
Pierre aime tout.	Pierre n'aime rien.
As-tu vu ton cousin hier ?	N'as-tu pas vu ton cousin hier ?

Pour transformer une phrase affirmative en phrase négative, il faut lui ajouter une **négation** : ne... pas, ne... plus, ne... jamais, ne... rien, ne... point, ni... ni, etc.
Attention ! Il faut quelquefois un « n' ».   *Ex.* : On n'a pas froid.

1 Indique si les phrases suivantes sont affirmatives ou négatives en cochant la bonne case.

	affirmative	négative
Louise a terminé son travail.		
Marie ne l'a pas commencé.		
Je ne le supporte plus.		
Nous aimons le chocolat.		
Ce matin, il y a du brouillard.		
Je n'y vois rien !		

Si tu peux mettre « oui » devant la phrase, elle est affirmative. Si tu peux mettre « non », elle est négative.

2 Complète les phrases avec les négations qui conviennent le mieux.

Il .... faut .... commencer à fumer ! Ce ....'est vraiment .... bon pour la santé ! / Je ....'ai .... vu ton frère depuis longtemps. J'espère qu'il ....'est .... malade. / Les saisons .... sont .... ce qu'elles étaient ! Une hirondelle .... fait .... le printemps. / Je .... ai vu .... ton père .... ta mère.

3 Transforme les phrases négatives en phrases affirmatives.

a) Cette voiture ne roule pas. → ....
b) Elle n'a plus d'essence. → ....
c) Je n'aime rien dans ce livre. → ....
d) C'est promis, je ne le ferai jamais ! → ....

4 Transforme les phrases affirmatives en phrases négatives.

Attention à la dernière phrase : il ne faut pas répondre à la question.

Ex. : Tu aimes aller au cinéma. → Tu n'aimes pas aller au cinéma.

a) Les enfants s'amusent dans la cour. → ....
b) Le soleil brille dans le ciel. → ....
c) Marie veut encore jouer. → ....
d) Tu désires quelque chose ? → ....

Leçon 2 : La phrase déclarative et la phrase interrogative

GRAMMAIRE

Pour l'adulte
Les enfants mélangent parfois les différentes façons de poser une question : « **Est-ce que** le chat **mangera-t-il** la souris ? ». Pour éviter cette forme incorrecte, travaillez avec l'enfant les différentes façons de poser une question, l'une après l'autre. Ne passez à une nouvelle façon de poser une question que lorsque la précédente est bien acquise.

→ La **phrase déclarative** donne une **information**. Elle se termine par un point.
La **phrase interrogative** pose une **question**. Elle se termine par un point d'interrogation : « **?** ».

→ Il y a quatre façons de transformer une phrase déclarative en phrase interrogative :
• utiliser la formule « **Est-ce que** » :
Est-ce que nous partirons en vacances cet été ?
• inverser le sujet et le verbe : **Partirons-nous en vacances cet été ?**
• remplacer le point simple par un point d'interrogation :
Nous partirons en vacances cet été ?
• utiliser un mot interrogatif appelé adverbe : **Où vas-tu ? Quand arrive-t-il ?**

1 Coche la bonne case.

	déclarative	interrogative
Les enfants adorent dessiner.		
Je ne sais pas.		
As-tu rangé ta chambre ?		
En es-tu sûr ?		
Qui sonne à la porte ?		
Oui maman !		

N'oublie pas les points d'interrogation !

2 Utilise quatre façons différentes pour transformer la phrase déclarative suivante en phrase interrogative.

Mon chien a aboyé ce matin.
a) .... c) ....
b) .... d) ....

3 Transforme les phrases déclaratives suivantes en utilisant « est-ce que ».

Ex. : Les enfants font du vélo dans la cour. → Est-ce que les enfants font du vélo dans la cour ?

a) Il y a beaucoup de nuages ce matin. → ....
b) Je mangerai avec toi à midi. → ....
c) Cette veste vaut bien son prix. → ....
d) Je vais me coucher. → ....

4 Transforme les phrases interrogatives en phrases déclaratives.

a) Partiras-tu ce week-end ? → ....
b) Est-ce que ta chienne a fait ses petits ? → ....
c) Est-ce que tu as bien compris ? → ....

Leçon 3 — Reconnaître le verbe dans une phrase et donner son infinitif

GRAMMAIRE

Pour l'adulte
L'**infinitif** est la forme que l'on trouve dans le dictionnaire. Il est important de savoir retrouver l'infinitif d'un verbe et son groupe (voir leçons 19 et 21) pour le conjuguer correctement.

→ Le **verbe** exprime une **action** ou un **état**.
Ex. : Pierre **saute** (exprime l'action de sauter).
Pierre **est** soucieux (exprime l'état de Pierre).

→ Dans une phrase, le verbe se conjugue selon les **temps de l'action** (passé, présent, futur).
Ex. : Hier, j'**ai rencontré** Pierre. Aujourd'hui, je **rencontre** Pierre.
   passé   présent
Demain, je **rencontrerai** Pierre.
   futur

→ Pour trouver **l'infinitif** d'un verbe, il suffit de conjuguer le verbe **aller** devant.
Ex. : Pierre saute. → Pierre va sauter. → infinitif : sauter

1 Souligne les verbes dans les phrases suivantes.

Louis a 8 ans. Hier, il a fêté son anniversaire. L'année dernière, il avait 7 ans. L'an prochain, il aura 9 ans. Il a invité beaucoup d'amis.

2 Réécris les phrases en changeant le temps des verbes.

a) Hier, Maxime a préparé ses bagages. → Aujourd'hui, ...
b) Demain, il partira au ski pour les vacances. → Hier, ...
c) Aujourd'hui, il achète un nouvel équipement ! → Demain, ...
d) L'année dernière il est allé dans les Pyrénées. → L'an prochain, ...

3 Trouve l'infinitif des verbes en conjuguant le verbe **aller** devant chaque verbe.

Ex. : Louise mange une pomme. → Louise va manger une pomme. → verbe « manger ».

a) Lou-Ann dessine une fleur. → ....
b) Nathan a découpé un masque. → ....
c) Paul se déguisera pour le carnaval. → ....
d) Naël et Sabelle faisaient du vélo. → ....

4 Écris l'infinitif des verbes dans la bonne colonne selon sa terminaison.

Ex. : Elle a mangé une glace. → infinitif : manger

tu as dansé – nous finissons – vous choisissez – elles changent – je descends – elle coud – il vient – elle paye – tu crois

-er	-ir	autre terminaison
....	....	....
....	....	....
....	....	....

Leçon 4 — Noms propres et noms communs

GRAMMAIRE

Pour l'adulte
Les enfants oublient souvent de mettre une majuscule au début des noms propres ! Jouez avec eux en leur donnant des listes de noms. Ils devront deviner si ce sont des noms propres ou des noms communs, donc si ces noms doivent commencer par une majuscule, ou pas.

➜ *Ex.* : **Jean Dupont** va visiter **Paris**. Il traverse la **Seine**. **Paris** est la capitale de la **France**. Cet été, il ira dans les **Alpes**.
« Jean Dupont, Paris, Seine, France, Alpes » sont des **noms propres**. Ils désignent une personne, une ville, un fleuve, un pays, une montagne… **bien particuliers**. Ils commencent par une **majuscule**, même s'ils ne sont pas en début de phrase.

➜ *Ex.* : Ce **garçon** prendra le **train**. Il emmènera son **chien** avec lui. Il le tiendra avec sa **laisse**.
« garçon, train, chien, laisse » sont des **noms communs**. Ils désignent des noms de personnes, de choses, d'animaux… **en général**. Ils ne commencent pas par une majuscule.

1 Entoure les noms parmi les mots suivants.

venir – gentil – poule – Nathalie – arriver – Jura – Méditerranée – sagement – dehors – sur – loup – Paul – clown – sortir – clou

On ne peut pas mettre d'article devant un nom propre !

2 Souligne les noms communs dans les phrases suivantes.

C'est l'été. Nous allons partir à la montagne dans les Pyrénées. Nous allons faire du camping à Saint-Lary. Camille a acheté une nouvelle tente. Je ne vais pas oublier mon chapeau ni mes lunettes de soleil !

3 Range les mots suivants dans la bonne colonne.

chien – manger – Paul – Montpellier – clavier – Angleterre – pomme – écrire – dans – chocolat

noms propres	noms communs	autres
....	....	....
....	....	....
....	....	....
....	....	....

4 Complète avec le bon nom propre.

a) La capitale de la France est ....
b) Le pays qui a pour capitale Pékin s'appelle la ....
c) La plus haute montagne de France est le ....
d) Il se trouve dans le massif montagneux des ....
e) Le plus long fleuve de France est la ....
f) Marseille est un port de la mer ....
g) La mer qui sépare la France du Royaume-Uni s'appelle ....

Leçon 5 — Les articles

GRAMMAIRE

Pour l'adulte
Les enfants confondent souvent les articles **définis** avec les articles **indéfinis**. Indiquez-leur bien la différence entre un article désignant un être ou un objet **précis** (défini) : « **Le** chien, que je montre, aboie. » et un article désignant un être ou une chose en **général** (indéfini) : « **Un** chien, que je ne connais pas, a mordu Paul. »

→ **Le, la, les, l', un, une, des** sont des petits mots appelés **articles**.
Ils se trouvent toujours avant le nom qu'ils déterminent.
Ex. : **le** chien   **un** pantalon   **l'** abeille   **des** automobilistes

→ Les articles nous renseignent sur le **genre** (féminin, masculin) et le **nombre** (singulier, pluriel) des noms.
Ex. :   **un** château   **une** robe
        nom masculin   nom féminin

→
le, la, les, l' sont des articles définis	**un, une, des** sont des articles indéfinis
Ex. : Je connais **le** frère de Jérémy. (Il n'y en a qu'un. On sait qui c'est.)	Ex. : J'ai mangé **un** bonbon du paquet. (On ne sait pas lequel.)

1 Souligne les noms et entoure les articles.

a) un joli bateau
b) une petite fille
c) le gros chien jaune
d) la vieille tante
e) l'oiseau bleu
f) un garçon poli

2 Souligne les noms et entoure les articles.

a) Les autobus de la ville sont jaunes.
b) Un oiseau chante sur la haie.
c) J'adore les glaces à la vanille.
d) L'avion qui vient de passer vole au-dessus des nuages.
e) J'ai acheté une lampe rouge.
f) Le gros poisson là-bas est une carpe.
g) Les flamants se reposent sur une patte.
h) La fillette fait de la danse dans le gymnase.
i) Le frère de Léo a attrapé une bronchite.
j) Le chien a troué les pantoufles.

3 Choisis l'article qui convient et écris-le.

a) *(Le, La, Les)* .... girafes vivent dans la brousse.
b) *(Un, Une, Des)* .... poisson rouge se cache au fond de l'aquarium.
c) *(Un, Le, L')* .... anguille est un poisson très glissant.
d) *(La, Le, L')* .... pêche est interdite ici.
e) *(Une, Un, Des)* .... trains passent toutes les cinq minutes devant sa maison.

4 Choisis l'article qui convient le mieux.

a) J'ai rencontré .... fiancé de ta sœur.
b) J'aime .... sauce au roquefort.
c) Jean, ... bûcheron de la ville, a coupé .... arbres.
d) .... arbres qui gênaient .... circulation ont été coupés en premier.
e) .... abeille que j'ai vu passer était chargée de pollen.

Au singulier, « le » et « la » deviennent « l' » devant un nom qui commence par une voyelle : l'avion, l'abeille.

Leçon 6 — Les déterminants possessifs

GRAMMAIRE

Pour l'adulte
Attirez l'attention de l'enfant sur les deux façons d'accorder le déterminant possessif « leur » au singulier ou « leurs » au pluriel.
Ex. : J'ai vu leur père (Ils n'ont qu'un seul père.)
J'ai vu leurs amis (Ils ont plusieurs amis.)

→ *Ex.* : **Mon** petit chien marche dans la rue. Je le tiens avec **sa** laisse.
Comme les articles, les **déterminants possessifs** précèdent les noms. Ils indiquent à qui appartiennent les choses ou les êtres désignés par ces noms.
→ Les déterminants possessifs peuvent se classer de la façon suivante :

	nom au singulier		nom au pluriel
	masculin	féminin	masculin et féminin
une personne	mon, ton, son	ma, ta, sa	mes, tes, ses
plusieurs personnes	notre, votre, leur	notre, votre, leur	nos, vos, leurs

1 Mets les noms au féminin et change le déterminant possessif.

a) mon chien → ....
b) ton camarade → ....
c) mon frère → ....
d) son père → ....
e) ton cousin → ....
f) ton oncle → ....

2 Trouve le déterminant possessif qui convient.

a) le chat du voisin → .... chat
b) les stylos de Chloé → .... stylos
c) la trottinette de Léa → .... trottinette
d) la maison de mes grands-parents → .... maison
e) Ces fleurs sont à Lou et Léa. → Ce sont .... fleurs.
f) Ces livres sont à moi. → Ce sont .... livres.

3 Relève les déterminants possessifs et indique leur genre (masculin ou féminin) et leur nombre (singulier ou pluriel).

Ex. : Charlie promène son chien. → son → masculin singulier

a) Nathalie a enfilé sa belle robe. → ....
b) C'est son papa qui la lui a offerte. → ....
c) Elle a aussi chaussé ses jolis souliers vernis. → ....
d) C'est sa maman qui les lui a achetés. → ....
e) Elle a pris son sac. → ....

4 Complète avec le déterminant qui convient parmi les suivants : mes – nos – tes – vos – ses – leurs.

Tu dois faire attention à .... affaires. / J'ai perdu .... clefs. / Paul a rangé .... cahiers dans son bureau. / Tu connais Sami et Julie, as-tu déjà rencontré .... parents ? / Ma sœur et moi fêtons les 50 ans de mariage de .... grands-parents. / Pierre et toi, vous prenez .... vélos pour sortir vous promener en forêt. / Lou et Martin ont égaré .... affaires de sport. / J'ai invité .... amis pour mon anniversaire.

Leçon 7 — Les pronoms personnels sujets

GRAMMAIRE

Pour l'adulte
Les enfants ont souvent du mal à faire les associations suivantes : Toi et moi, lui et moi, Marie et moi → **nous**. Pierre et toi, lui et toi, eux et toi → **vous**. Entraînez-les en leur demandant de remplacer ces sujets composés par le bon pronom « nous » ou « vous ».

➜ Les **pronoms personnels sujets** remplacent des noms.
Ex. : **Louise et ses cousines font du roller. Elles font du roller.**

pronoms personnels	personnes
je	1re ⎫
tu	2e ⎬ personne du singulier
il, elle, on	3e ⎭
nous	1re ⎫
vous	2e ⎬ personne du pluriel
ils, elles	3e ⎭

➜ Lorsque l'on veut remplacer un nom masculin et un nom féminin par un seul pronom, il faut choisir le **pronom masculin**.
Ex. : **Pierre et Magali, ils vont se promener.**

1. Remplace les mots soulignés par le pronom personnel qui convient.

a) Le chien ronge son os. → .... ronge son os.
b) Ta camarade s'appelle Léa. → .... s'appelle Léa.
c) Mes amis adorent la musique. → .... adorent la musique.
d) Cette abeille butine une rose. → .... butine une rose.
e) Jean et Marie sont allés au cinéma. → .... sont allés au cinéma.
f) Quelqu'un a refermé la porte. → .... a refermé la porte.

Attention, si à l'oral on peut dire « **On** peut sortir ? », il faut écrire « Pouvons-**nous** sortir ? »

2. Trouve le pronom personnel qui convient.

a) ..... lisez un livre. → ....
b) ..... admirons ce beau paysage. → ....
c) ..... écrivent à leurs parents. → ...., ...
d) ..... prépares le repas. → ....
e) ..... nage la brasse. → ...., ..., ..., ...
f) ..... dégustons le dessert. → ....

3. Relie les pronoms personnels avec le bon groupe nominal.

a) Martin • • elle
b) Marie et toi • • il
c) la voiture • • vous
d) ma mère et moi • • elles
e) les filles • • nous

4. Relie chaque sujet au verbe qui lui correspond.

a) Les garçons, ils • • savoures cette glace.
b) Toi, tu • • dévalent la pente à toute vitesse.
c) Marie et moi, nous • • dessine bien.
d) Lou, elle • • sommes cousins.
e) Pierre et toi, vous • • avez les mêmes chaussures de sport.

Leçon 8 — Les adjectifs qualificatifs

GRAMMAIRE

Pour l'adulte
L'accord de l'adjectif qualificatif est souvent délicat pour les enfants. Apprenez-leur à toujours trouver le nom auquel se rapporte l'adjectif, faites-leur trouver son genre et son nombre, et rappelez-leur que l'adjectif va adopter le genre et le nombre de ce nom.

Ex. : Cette **belle** voiture **rouge** appartient à ma sœur.
Belle et **rouge** précisent comment est la voiture dont on parle. Ce sont des **adjectifs qualificatifs** du nom « voiture ».

→ On peut supprimer les adjectifs dans un groupe nominal.
Ex. : Cette voiture appartient à ma sœur.

→ Les adjectifs qualificatifs prennent le même **genre** (masculin ou féminin) et le même **nombre** (singulier ou pluriel) que le nom qu'ils accompagnent.
Ex. : un **petit** chien   des **jolies** fleurs
         adj.   nom   adj.   nom
     masc. sing. masc. sing.   fém. plur. fém. plur.

1. Souligne les noms et entoure les adjectifs.

a) Cette glace délicieuse a un parfum vanillé.
b) J'ai pris ma grosse valise pour les vacances.
c) La malle est vraiment lourde !
d) La prochaine fois, j'en prendrai une autre.
e) Il habite dans un petit village.
f) Son frère aîné vit dans une haute tour.

2. Indique le genre et le nombre de chaque groupe nominal.

Ex. : les jolies poupées → féminin pluriel

a) les hautes montagnes → ....
b) nos gentils voisins → ....
c) ta petite sœur → ....
d) ces jeunes filles → ....
e) ma belle toupie → ....

3. Réécris les phrases en supprimant tous les adjectifs qualificatifs.

a) De nombreux animaux minuscules habitent sous les écorces humides des vieux arbres.
....

b) Ils se protègent des oiseaux voraces ! Ces grands rapaces sombres leur font peur.
....

4. Complète les adjectifs pour respecter les accords.

a) Les vaches allongé.......... ruminent.
b) Ces joli.......... tulipes ont été plantées par mon grand-père.
c) Après cette long.......... randonnée nous sommes bien fatigués.
d) Mes chemises sont repassé.......... et prêt.......... à être rangées.
e) Ces fruits sont bien mûr..........

Fais attention à bien accorder les adjectifs en regardant le nom qu'ils accompagnent !

5. Accorde les adjectifs du texte suivant.

Lorsqu'il aperçut cette curieu.......... petit.......... femme, il se demanda si ce n'était pas une mauvais.......... plaisanterie. Elle portait une robe vert.......... beaucoup trop larg.......... pour elle. Ses cheveux, mal brossé.........., volaient dans tous les sens. Elle ressemblait à une vieil.......... sorcière.

Leçon 9 — Le groupe nominal

GRAMMAIRE

Pour l'adulte
En classe, l'enfant a pu apprendre que le nom principal du groupe nominal s'appelle aussi le **noyau** du groupe nominal.

→ Le **groupe nominal** est constitué d'un **nom principal** et de tous les **mots ou groupes de mots qui complètent ce nom**.
Ex. : Mon frère dévore un délicieux gâteau.
 groupe nominal   groupe nominal

Le petit chien blanc de ma sœur s'appelle Hélios.
           groupe nominal   groupe nominal

→ Les mots qui complètent le nom peuvent être :
• des **déterminants** : mon, un, le ;
• des **adjectifs qualificatifs** : délicieux, petit, blanc ;
• des **compléments du nom** : de ma sœur.

> Parfois le groupe nominal est uniquement constitué d'un nom :
> *Ex.* : Hélios ronge un os.
>   groupe nominal

① Encadre les groupes nominaux dans les phrases suivantes.

Jean a fait un beau voyage. / Nina et Louise ont le même âge. / Vous viendrez nous rendre une petite visite ? / Comment s'appelle le frère de Paul ? / Le facteur du quartier passe tous les jours. / Les commerçants du village organisent une kermesse chaque année.

② Ajoute un adjectif à chaque nom souligné pour agrandir le groupe nominal :
gigantesque – sombres – sauvages – grand – bleu – petite.

a) Mon .... frère a deux ans de plus que moi.
b) Ta .... sœur a trois ans de moins que toi.
c) Nous avons escaladé cette .... montagne.
d) Le soleil brille dans le ciel ....
e) Des nuages .... annoncent la pluie.
f) Les lions .... entrent en piste.

③ Barre tous les mots qui complètent le nom principal pour réduire au maximum les groupes nominaux encadrés.

a) |La belle voiture de mon voisin| est toute neuve.
b) |La nouvelle directrice de l'école| s'appelle Madame Jolie.
c) |Cet ouvrier prudent| porte toujours son casque.
d) |Mon grand cousin du sud| adore faire du patin.

④ Relie chaque nom proposé à un adjectif et un complément du nom.

Ex. : le bateau → le petit bateau de Martin

a) l'avion   •   • fleuri •   • de l'arbre
b) le panneau •   • petit •   • du jardin
c) le chat   •   • déplumées •   • du fermier
d) la pomme •   • verte •   • du pilote
e) l'arbre   •   • sauvage •   • de ma grand-mère
f) les poules •   • triangulaire •   • du coin de la rue

Leçon 10 — L'adverbe

GRAMMAIRE

Pour l'adulte
Il ne faut pas confondre les **adverbes** et les **noms** terminés par -ment. On peut faire précéder le nom d'un déterminant.
Ex. : Les tintements sonnent gaiement.

tintements : nom commun précédé du déterminant « les ».
gaiement : adverbe construit à partir de l'adjectif féminin « gaie ».
On ne peut pas dire « un gaiement ».

➜ Les **adverbes** sont des mots **invariables** qui donnent des précisions sur le sens d'un verbe, d'un nom, d'un adjectif ou d'un autre adverbe.
Ex. : Elle marche lentement. → complète le verbe « marche »
Ils sont très aimables. → complète l'adjectif « aimable »
Tu cours trop lentement. → complète l'adverbe « lentement »
On peut supprimer les adverbes dans une phrase.

➜ De nombreux adverbes se terminent par « -ment ». Ils se fabriquent à partir d'un adjectif féminin auquel on a ajouté cette terminaison.
Ex. : long → longue → longuement

1 Souligne les adverbes dans les phrases suivantes.

a) Cécile m'attend sagement à la sortie de l'école.
b) Cette voiture roule dangereusement !
c) Elle va trop vite !
d) Nous serons bientôt arrivés à la maison.
e) Autrefois, un roi régnait sur notre pays.
f) Jeanne a garé son vélo doucement.
g) Martin veut plus de dessert.
h) J'ai rencontré mes amis aujourd'hui à la gare.

2 Indique la nature du mot complété par l'adverbe souligné.

Ex. : Marc mange trop. → L'adverbe « trop » précise le sens du verbe « mange ».

a) Louise est très forte. → ....
b) Il aime beaucoup les glaces. → ....
c) Tu avances lentement sur la neige. → ....
d) C'est beaucoup trop cher ! → ....

3 Complète le tableau.

adjectif masculin	adjectif féminin	adverbe
grand	....	....
....	forte	....
....	....	longuement

4 Transforme les phrases suivantes en utilisant un adverbe.

Ex. : Il marche d'un pas rapide. → Il marche rapidement.

a) Il avance avec élégance. → Il avance ....
b) Il marche d'un pas tranquille. → Il marche ....
c) Ces anciens parlent avec sagesse. → Ces anciens parlent ....
d) Elles répondent avec politesse. → Elles répondent ....

13

Leçon 11 — Nature et fonction d'un mot

GRAMMAIRE

Pour l'adulte
La nature d'un mot ne change jamais. On la trouve dans le dictionnaire. La fonction d'un mot change selon la place qu'il occupe par rapport aux autres mots dans la phrase.

La **nature** des mots indique ce qu'ils sont.
La **fonction** indique le rôle des mots dans la phrase.

Ex. : **Lili mangera une glace.**

nature	fonction
Lili = nom propre	sujet du verbe « mangera »
mangera = verbe « manger »	
une = article indéfini	détermine le nom « glace »
glace = nom commun	COD du verbe « mangera »

Ex. : **La glace est délicieuse.**

nature	fonction
la = article défini	détermine le nom « glace »
glace = nom commun	sujet du verbe « est »
est = verbe « être »	
délicieuse = adjectif qualificatif	qualifie le nom « glace »

1 Souligne en bleu les déterminants, en rouge les noms communs, et entoure les adjectifs.

J'ai vu une vache. Elle broutait de l'herbe bien verte. Elle fera un bon lait ! Avec la crème on pourra faire du bon beurre. Nous nous en servirons pour préparer des crêpes, des gaufres et des gâteaux.

2 Souligne en bleu les sujets, en rouge les verbes et entoure les COD.

Léo a mangé trop de bonbons. Maintenant, il est malade. Sa maman appelle le docteur et lui raconte la mésaventure de Léo. Léo ne recommencera pas, il a compris son erreur. Demain, il dégustera des fruits.

3 Relie les mots à leur fonction dans la phrase.

Hier, Pierre a mangé une délicieuse glace.

a) Hier •   • sujet du verbe « a mangé »
b) Pierre •   • complément circonstanciel de temps du verbe « a mangé »
c) une •   • qualifie le nom « glace »
d) délicieuse •   • détermine le nom « glace »
e) glace •   • complément d'objet direct du verbe « a mangé »

4 Indique la nature des mots dans la phrase.

Aujourd'hui, Marie a choisi un album à la bibliothèque.

a) Aujourd'hui : ....
b) Marie : ....
c) a choisi : ....
d) un : ....
e) album : ....

La nature d'un mot ne change jamais ! Tu peux la trouver dans le dictionnaire.

Leçon 12 : Identifier le sujet du verbe

GRAMMAIRE

Pour l'adulte
Pour s'assurer qu'il a bien trouvé le sujet du verbe, l'enfant peut aussi dire : « C'est … qui … ».
Ex. : Le chien aboie.
→ C'est le chien qui aboie.
→ le chien = sujet du verbe « aboie ».

Ex. : **Le jardinier taille les arbres.**
Le **sujet** d'un verbe est le mot ou groupe de mots qui **fait l'action** exprimée par ce verbe. Pour trouver le sujet du verbe, il suffit de poser la question « Qui est-ce qui ? » devant le verbe.
Qui est-ce qui taille les arbres ? → **C'est le jardinier qui** taille les arbres.
→ **Le jardinier** est le sujet du verbe « taille ».

1 Souligne les verbes et encadre leurs sujets en posant la bonne question devant le verbe.

Pour trouver le sujet du verbe, pose la question « **Qui est-ce qui ?** » ou « **Qu'est-ce qui ?** » devant le verbe !

a) En hiver, mon père s'occupe des arbres du jardin.
b) Il utilise une tronçonneuse.
c) Parfois, papa coupe les petites branches avec une scie.
d) Les arbres fruitiers pousseront mieux au printemps prochain.

2 Complète les phrases avec un pronom personnel sujet qui convient.

a) .... fait beau ce matin. Le printemps semble être là.
b) Les bourgeons commencent à poindre. .... sont tout gonflés de sève.
c) Bientôt de petites feuilles apparaîtront. .... auront une belle couleur verte.
d) Avec mon ami Jean, ... irons nous promener en forêt.
e) Et ...., aimez-vous le printemps ?

3 Donne la nature des mots soulignés.

La nature d'un mot ne change jamais ! Tu peux la trouver dans le dictionnaire.

a) Sarah joue à la balle. → ....

b) Elle est très adroite. → ....
c) La balle de Louise est bleue. → ....
d) Ce ballon en mousse ne fait pas mal. → ....
e) Nous irons jouer au stade cet après-midi. → ....

4 Dans les phrases suivantes, le sujet est souligné. Vrai ou faux ? Coche la bonne réponse et entoure le verbe dans chaque phrase.

	vrai	faux
a) Les grillons chantent du soir au matin.	☐	☐
b) Des musiciens animent la rue en jouant de l'accordéon.	☐	☐
c) Marie et Julie jouent à la balle.	☐	☐
d) Les voitures roulent plus lentement quand il pleut.	☐	☐
e) Dans la nuit calme brillent des étoiles.	☐	☐

Leçon 13 — Le complément d'objet direct

GRAMMAIRE

Pour l'adulte
Attention à ce que l'enfant pose bien la question « qui ? » ou « quoi ? » **après le verbe conjugué** pour trouver le COD. S'il la pose devant, il risque de trouver le sujet du verbe !

Ex. : Pierre prépare son cartable. → Pierre prépare **quoi ?** son cartable.
   verbe   COD du verbe « prépare »

Le **complément d'objet direct** (ou COD) est un mot ou groupe de mots qui complète le verbe en répondant à la question « **quoi ?** » ou « **qui ?** ».

Ex. : Mes parents écoutent le président à la radio.
   Mes parents écoutent **qui ?** le président.
       verbe   COD du verbe « écoutent »

1. Relie chaque début de phrase au bon COD.

a) Papa aide • • ma sœur à faire du vélo sans roulettes.
b) Nous apprenons • • son bus depuis un quart d'heure.
c) Pierre attend • • le français en classe.
d) Louis a perdu • • une pizza.
e) Ce soir, nous commanderons • • son stylo.

2. Entoure le COD parmi les trois groupes proposés.

Pour trouver le COD du verbe, pose la question « quoi ? » ou « qui ? » juste après le verbe conjugué !

a) Capucine aime les cookies. → Capucine – aime – les cookies.
b) Martin range son vélo dans la cave. → Martin – son vélo – la cave.
c) Cet orage a surpris tous les habitants. → Cet orage – a surpris – tous les habitants.
d) Lou et Pierre ont une maison à la montagne. → Lou et Pierre – une maison – la montagne.
e) Les enfants se lavent les dents après chaque repas. → Les enfants – les dents – chaque repas.

3. Souligne le verbe conjugué en rouge, son sujet en bleu, puis entoure le COD.

Ex. : Mon chien ronge un os.

a) Le matin nous prenons la voiture pour aller à l'école.
b) J'ai perdu ma première dent de lait l'année dernière.
c) Nous aimons la natation.
d) Des néons éclairent ce parking.
e) Louis écoute la radio.
f) Elle préfère les reportages animaliers.
g) De gros nuages gris remplissent le ciel.
h) Je prendrai mon parapluie pour sortir.

4. Le groupe nominal souligné est un COD. Vrai ou faux ?

	vrai	faux
a) Ces arbres sont des chênes.	☐	☐
b) Ma voisine a demandé un renseignement à ma sœur.	☐	☐
c) Les hirondelles vont arriver au printemps.	☐	☐
d) Mme Breton adore les galettes.	☐	☐
e) Je fais souvent la sieste dans la voiture.	☐	☐

Leçon 14 — Le complément d'objet indirect

GRAMMAIRE

Pour l'adulte
Entraînez l'enfant à bien faire la différence entre le **COD** et le **COI** en lui faisant systématiquement poser les questions après les verbes conjugués. Attention à ne pas confondre avec le complément du nom qui est aussi introduit par une préposition, mais qui se rapporte au nom !

→ Le **complément d'objet indirect** (COI) d'un verbe est un mot ou un groupe de mots qui complète le verbe en répondant à la question « **à qui ?** », « **à quoi ?** », « **de qui ?** » ou « **de quoi ?** ».
Ex. : Pierre écrit à sa grand-mère. → Pierre écrit à qui ? à sa grand-mère.
 verbe   COI du verbe « écrit »

→ Le COI est introduit par une **préposition** : à, de, des, d', au, aux...
Ex. : Pierre a repris de la salade. → Pierre a repris de quoi ? de la salade.
 verbe   COI du verbe « a repris »

Pour trouver le COI du verbe, pose les questions « de quoi ? de qui ? à quoi ? à qui ? » juste après le verbe conjugué !

1 Entoure les COI.

a) La voiture a besoin d'une révision.
b) Je me souviens de lui.
c) Tu parles trop à ton voisin.
d) Nadège ressemble à sa sœur.
e) Cette clé appartient à Mattéo.
f) Manon discute avec Sarah.
g) J'ai besoin de ce crayon.
h) Il continue de bavarder.
i) Louis se souvient de son anniversaire.
j) Il achète un croissant à la boulangerie.

2 Barre les compléments qui ne sont pas des COI.

a) Depuis longtemps je me souviens de ce voyage.
b) J'ai besoin de mon dictionnaire pour bien écrire.
c) Elle a profité de l'occasion pour le lui dire.
d) Hier, mon frère est parti pour l'Angleterre.
e) Ce matin, il a oublié de fermer la porte.

3 Le groupe nominal souligné est un COI. Vrai ou faux ?

	vrai	faux
a) Elle téléphone à sa tante.	☐	☐
b) Les enfants font du sport.	☐	☐
c) J'ai mangé une tarte aux pommes.	☐	☐
d) Il a emprunté trop d'argent.	☐	☐
e) Nous nous intéressons à cette histoire.	☐	☐

4 COD ou COI ? Coche la bonne case.

	COD	COI
Elle écrit à son amie.		
Les enfants adorent la natation.		
J'ai savouré ce bon dessert.		
Il le montre à son ami.		

	COD	COI
Je me souviens de cette année-là.		
Nous le lui envoyons.		
Tu lui offres des fleurs.		
J'adore les viennoiseries.		

5 Recopie le COD et le COI de chaque phrase.

Ex. : Je pose une question à la maîtresse. → COD = une question. COI = à la maîtresse.

a) Louis donne une fourchette à son frère. → ....
b) Elles montrent la gare aux touristes. → ....
c) Vous proposez des glaces à Gaspard et Ondine. → ....

Leçon 15 — Le complément du nom

GRAMMAIRE

Pour l'adulte
On utilise la préposition « de » quand le complément est un nom ou un pronom, autre qu'un pronom personnel.
Ex. : les amis **de** Pierre

On utilise la préposition « à » quand le complément est un pronom personnel.
Ex. : C'est un défaut **à** lui.

On dit : L'ami **de** son frère est le cousin de Paul.
et pas : L'ami **à** son frère est le cousin à Paul.

→ *Ex.* : J'ai acheté un <u>litre</u> de lait pour la <u>purée</u> de pommes de terre.
  nom   complément du nom   nom   complément du nom

Le **complément du nom** apporte une précision sur le nom qu'il complète. On sait qu'il s'agit d'un litre de lait (et pas d'eau) et d'une purée de pommes de terre (et pas de carottes).

→ Le complément du nom est rattaché au nom par une **préposition** : à, de, sans…
Ex. : un train **à** vapeur, une voiture **de** course, une chaise **en** bois, une pièce **sans** lumière

→ Le complément du nom peut être :
– un **nom propre** : la voiture de Jean ;   – un **adverbe** : ma vision de près ;
– un **nom commun** : un kilo de fraises ;   – un **verbe à l'infinitif** : le plaisir d'offrir.

1 Souligne le complément de nom et encadre la préposition.

a) un livre d'histoires
b) un héros de légende
c) un conte de fées
d) un jour sans soleil
e) une porte en fer
f) un mur de pierre
g) un cahier de texte
h) des patins à roulettes
i) un œuf de dinosaure
j) du sirop à la menthe

Il peut y avoir plusieurs possibilités.

2 Complète avec la préposition qui convient.

a) la sœur .... Jean
b) une ardoise .... plastique
c) une nuit .... lune
d) une balle .... tennis
e) des patins .... roulettes
f) une machine .... café

3 Associe un complément du nom à chacun des groupes nominaux suivants :
d'oie – en verre – de bain – de clown – sans retour – de vue.

a) un maillot ....
b) un aller ....
c) un pot ....
d) une chaussure ....
e) une plume ....
f) des lunettes ....

4 Indique la nature des compléments des noms qui sont soulignés.

Ex. : Le vélo de <u>Jean</u> (nom propre) est grand.
       Donner, c'est le plaisir d'<u>offrir</u> (verbe à l'infinitif).

a) Le chien de <u>ma grand-mère</u> (..................................) est un basset.
b) Sa qualité, c'est l'envie de <u>gagner</u> (..................................).
c) Le frère de <u>Paul</u> (..................................) s'appelle Jean.
d) Ma vision de <u>loin</u> (..................................) est excellente.

Leçon 16 — Les compléments circonstanciels de lieu, de temps, de manière et de cause

GRAMMAIRE

Pour l'adulte
Pensez à faire poser à l'enfant les questions « où ? », « quand ? », « comment ? » et « pourquoi ? » après le verbe pour qu'il trouve les compléments circonstanciels de lieu, de temps, de manière et de cause.

→ Les **compléments circonstanciels** sont des mots ou groupes de mots qui indiquent dans quelles **circonstances** se déroule une action.
Ex. : Hier, Manon est allée au cinéma en vélo parce qu'elle n'avait pas école.

→ Le **complément circonstanciel de temps** (CCT) indique le moment de l'action. On le trouve en posant la question « **Quand ?** ».
Ex. : Quand Manon est-elle allée au cinéma ? Hier : CCT

→ Le **complément circonstanciel de lieu** (CCL) indique le lieu de l'action. On le trouve en posant la question « **Où ?** ».
Ex. : Où Manon est-elle allée ? au cinéma : CCL

→ Le **complément circonstanciel de manière** (CCM) indique la façon dont se déroule l'action. On le trouve en posant la question « **Comment ?** ».
Ex. : Comment Manon est-elle allée au cinéma ? en vélo : CCM

→ Le **complément circonstanciel de cause** (CCC) indique la raison pour laquelle se déroule l'action. On le trouve en posant la question « **Pourquoi ?** ».
Ex. : Pourquoi est-elle allée au cinéma ? parce qu'elle n'avait pas école : CCC

Pour trouver les compléments circonstanciels de temps ou de lieu, pose les questions « quand ? », « où ? », etc. juste après le verbe conjugué !

1 Souligne les compléments circonstanciels de temps.

a) Depuis trois jours, j'ai mal aux dents.
b) Je l'ai vu la semaine dernière pour la dernière fois.
c) Autrefois les trains fonctionnaient à la vapeur.
d) J'ai appris ce matin que tu partiras bientôt à Lyon.

2 Encadre les compléments circonstanciels de lieu.

a) Il y a une fontaine sur la place. / b) J'ai perdu mon gant à l'école. / c) Il a perdu ses chaussettes sous son lit. / d) Nous irons en voyage près de la mer Méditerranée cet été.

3 Complète avec un complément qui réponde à la question posée.

a) *(Où ?)* Les bateaux naviguent • • pendant les vacances.
b) *(Où ?)* Marianne va • • le long des côtes.
c) *(Quand ?)* Tu viendras me rendre visite • • toutes les semaines.
d) *(Quand ?)* À l'école nous faisons du sport • • à la piscine.

4 Les groupes nominaux soulignés sont-ils des CCT, des CCL, des CCM ou des CCC ?

	CCT	CCL	CCM	CCC
L'année dernière je suis allé à la montagne.				
Je vais à l'école en bus.				
J'habite à Marseille.				
Prends ton manteau, parce qu'il fait froid.				
Pendant le carnaval, j'adore me déguiser en pirate.				

Leçon 17 — Les fonctions du groupe nominal dans la phrase

GRAMMAIRE

Pour l'adulte

1. L'enfant doit être capable d'**identifier le verbe et son sujet ainsi que les COD**, quand il y en a, pour accorder tous les mots correctement. Le verbe s'accordera toujours avec son sujet.

2. L'enfant doit comprendre la différence entre la **nature** d'un mot (déterminant, nom, adjectif, verbe...) et sa **fonction** dans la phrase (sujet, COD, COI...).

Un **groupe nominal** a différentes fonctions selon **sa place dans la phrase**.
Il peut être :
- sujet : **Ma sœur court.**
- COD (complément d'objet direct) : **Tristan regarde ma sœur.**
- COI (complément d'objet indirect) : **Il parle à ma sœur.**
- complément du nom : **La voiture de ma sœur est bleue.**
- complément circonstanciel : **Je vais chez ma sœur.**

1 Souligne les verbes et entoure les sujets.

a) J'ai lu un beau roman cet été.
b) Ma petite sœur aime les spectacles de marionnettes.
c) Ma mère se reposera un peu tout à l'heure.
d) Nous irons dans la forêt pour faire du vélo.
e) La marchande vend des belles pommes rouges.

Attention à ne pas confondre la **nature** d'un mot (ce qu'il est) et sa **fonction** (son rôle dans la phrase).

2 Souligne le verbe en rouge et indique si le complément en gras est un COD ou un COI en mettant une croix dans la bonne case.

	COD	COI
a) Élise a donné **à sa sœur** son vélo trop petit pour elle.	☐	☐
b) Louise aime **les bananes** encore vertes.	☐	☐
c) Ce feu d'artifice illumine **la nuit**.	☐	☐
d) J'ai cueilli **des fleurs** dans le pré.	☐	☐
e) Il offre **à ses amis** un beau spectacle au théâtre.	☐	☐

3 Encadre les compléments du nom qui accompagnent les mots en gras.

a) Les abeilles récoltent **le pollen** des fleurs.
b) J'ai acheté **des patins** à roulettes de compétition.
c) C'est **une table** en châtaignier.
d) Justine aime **les poupées** de porcelaine.
e) Cette maison a **de jolis murs** de briques.
f) Maman utilise **une table** à repasser pour le linge.
g) Mon père a tourné **un joli pot** de terre.
h) **Ces sacs** en plastique polluent longtemps la nature.
i) **L'ordinateur** du bureau est tombé en panne.
j) Ma sœur utilise **un fer** à friser pour boucler ses cheveux.

4 Souligne les verbes conjugués et encadre leurs compléments circonstanciels.

a) Il y a une tempête en Indonésie.
b) Bientôt, nous irons rendre visite à tes amis.
c) Mon père conduit prudemment sa voiture.
d) La nuit, il faut allumer ses feux de croisement.
e) Le jardinier ouvre la vanne pour arroser.
f) Il pleut depuis plusieurs jours.
g) L'année dernière j'ai fêté mes 7 ans.
h) Mes amis déménagent à Venise.
i) Valérie travaille pour réussir son examen.
j) Ma famille habite à Nîmes.

Leçon 18 — Notions de passé, présent et futur

CONJUGAISON

Pour l'adulte
Pour aider l'enfant à bien faire la différence entre le passé, le présent et le futur, choisissez avec lui trois expressions caractéristiques (hier, aujourd'hui, demain) et faites-les lui dire systématiquement en début de phrase. Il devra dire si la phrase est au passé, au présent ou au futur.

PASSÉ (avant) — PRÉSENT (maintenant) — FUTUR (après)

Hier, Mathilde a préparé le gâteau. Elle était tout excitée.
Aujourd'hui, Mathilde fête son anniversaire.
Demain, Mathilde jouera avec ses cadeaux.

Le **passé** : c'était avant, c'est terminé.
Le **présent** : cela se passe en ce moment.
Le **futur** : cela va se passer plus tard.

La forme du verbe change selon le temps de la phrase :
Au passé : a fêté ←——→ **au présent** : fête ←——→ **au futur** : fêtera

❶ Indique si les phrases sont au passé, au présent ou au futur.

a) J'allume la lampe. → ....
b) Elle souffle les bougies sur son gâteau. → ....
c) Bientôt Mathilde sera gâtée pour son anniversaire. → ....
d) La semaine dernière, nous avons descendu la Seine en bateau-mouche. → ....
e) L'an passé, j'ai visité les Alpes. → ....

❷ Mets une croix dans la bonne colonne.

	passé	présent	futur
bientôt			
avant			
il y a cent ans			

	passé	présent	futur
plus tard			
maintenant			
en ce moment			

❸ Place les phrases au bon endroit sur l'axe du temps.

Aujourd'hui, j'ai 8 ans. L'année dernière, j'avais 7 ans. L'an prochain, j'aurai 9 ans.

PASSÉ (avant) — PRÉSENT (maintenant) — FUTUR (après)

....

❹ Complète les phrases avec la bonne expression :
autrefois – aujourd'hui – il y a un an – bientôt.

a) .... les seigneurs habitaient dans des châteaux.
b) .... j'étais en CE1.
c) J'aurai .... 9 ans.
d) .... je suis en CE2.

N'oublie pas les majuscules !

Leçon 19 — Le présent des verbes du 1er groupe (1)

Les verbes dont l'infinitif se termine par **-er** appartiennent au **1er groupe** de la conjugaison. (Exception : le verbe *aller*, 3e groupe.)

		DANSER	NAGER	CRIER
SINGULIER	1re pers.	je danse	je nage	je crie
	2e pers.	tu danses	tu nages	tu cries
	3e pers.	il/elle danse	il/elle nage	il/elle crie
PLURIEL	1re pers.	nous dansons	nous nag(e)ons	nous crions
	2e pers.	vous dansez	vous nagez	vous criez
	3e pers.	ils/elles dansent	ils/elles nagent	ils/elles crient

Tous les verbes réguliers du 1er groupe se conjuguent comme le verbe **danser**, en remplaçant la terminaison « er » de l'infinitif par « -e, -es, -e, -ons, -ez, -ent » selon les personnes conjuguées.

Attention à ne pas oublier la lettre « e » à la 1re personne du pluriel des verbes en **-ger**.

Attention aux finales muettes (**e, es, ent**) aux trois personnes du singulier et à la 3e personne du pluriel.

CONJUGAISON

Pour l'adulte

Attention aux verbes du 1er groupe qui se terminent par -ier ou -ger :
– Dans les verbes en **-ier**, le « e » des terminaisons ne s'entend pas toujours, mais il est bien là !
Ex. : je crie, tu plies.

– Il ne faut pas oublier le « e » à la 1re personne du pluriel des verbes en **-ger**.
Ex. : nous mangeons, nous nageons.

---

1 Conjugue, au présent, les verbes **pleurer**, **plonger** et **scier**.

pleurer	plonger	scier
je	je	je ....
tu	tu	tu ....
il	il	il ....
nous	nous	nous ....
vous	vous	vous ....
ils	ils	ils ....

2 Relie les pronoms sujets et les verbes suivants.

a) Paul et toi • • ils • • mangeons.
b) Les enfants • • vous • • dansent.
c) Toi • • nous • • savourez.
d) Ma mère et moi • • tu • • pleure.
e) Moi • • elle • • nages.
f) Magali • • je • • plonge.

Fais attention à la terminaison des verbes.

3 Conjugue correctement les verbes entre parenthèses.

a) Nous *(marcher)* .... dans le jardin.
b) Elles *(habiller)* .... leurs poupées.
c) Vous *(sembler)* .... surprises.
d) Je *(décider)* .... de rester un peu.

Leçon 20 — Le présent des verbes du 1er groupe (2)

PLACER	APPUYER	NAVIGUER
je place tu places il/elle place nous plaçons vous placez ils/elles placent	j'appuie tu appuies il/elle appuie nous appuyons vous appuyez ils/elles appuient	je navigue tu navigues il/elle navigue nous naviguons vous naviguez ils/elles naviguent
Devant le « o », il faut mettre un « ç » pour faire le son [s].	Les verbes en -yer changent le « y » en « i » au singulier et à la 3e personne du pluriel.	Les verbes en -guer se conjuguent comme le verbe danser (radical + terminaisons du présent).

CONJUGAISON

Pour l'adulte
Pour les verbes en -eler et -eter, il faut doubler la consonne l et t pour obtenir le son è, sauf pour acheter, geler et peler.
Ex. : je jette, nous jetons. J'appelle, nous appelons.

1 Conjugue au présent les verbes **glacer**, **nettoyer** et **conjuguer**.

glacer	nettoyer	conjuguer

2 Relie les pronoms sujets avec les verbes correspondants.

a) Lucas et toi •   • elles •   • plaçons.
b) Les filles •   • vous •   • s'ennuient.
c) Toi •   • nous •   • percez.
d) Mon frère et moi •   • tu •   • aboie.
e) Moi •   • il •   • places.
f) Mon chien •   • je •   • divague.

3 Conjugue correctement les verbes entre parenthèses.

a) Nous *(naviguer)* .... sur un voilier.
b) Elles *(prodiguer)* .... des soins à leurs poupées.
c) Tu *(bégayer)* .... quand tu as peur.
d) Marie *(appuyer)* .... sur le bouton de l'ascenseur.
e) Vous *(déplacer)* .... votre voiture.
f) Je *(lacer)* .... mes chaussures.

Attention, pour les verbes en -ayer, il est possible d'employer les 2 formes, « y » ou « i » :
Ex. : je paie ou je paye ; j'essaie ou j'essaye.

Leçon 21 — Le présent des verbes du 2ᵉ groupe

Les verbes dont l'infinitif se termine par **-ir** et dont la 1ʳᵉ personne du pluriel est en **-issons** appartiennent au 2ᵉ groupe de la conjugaison.

FINIR	CHOISIR
je finis	je choisis
tu finis	tu choisis
il/elle finit	il/elle choisit
nous finissons	nous choisissons
vous finissez	vous choisissez
ils/elles finissent	ils/elles choisissent

CONJUGAISON

Pour l'adulte

Attention ! Les verbes qui se terminent par -ir mais qui ne font pas -issons à la 1ʳᵉ personne du pluriel, font partie du 3ᵉ groupe de la conjugaison.
Ex. : Partir
→ nous partons :
3ᵉ groupe
Sortir
→ nous sortons :
3ᵉ groupe

Un verbe dont l'infinitif se termine en -ir est du 2ᵉ groupe quand il fait -issons avec « nous ».

1 Conjugue au présent les verbes **avertir**, **blanchir** et **établir**.

avertir	blanchir	établir
j'	nous	j' ....
tu	vous	nous ....
il	ils	ils ....

2 Relie les pronoms sujets avec les bons verbes.

a) Marc et toi • • ils • • aplatissez la pâte.
b) Les maçons • • vous • • bâtissent les fondations.
c) Toi • • nous • • approfondis tes connaissances.
d) Ma mère et moi • • tu • • établissons des règles.
e) Magali • • elle • • guérit en quelques jours.

3 Conjugue correctement les verbes entre parenthèses.

a) Nous (*accomplir*) .... notre devoir.
b) Elles (*frémir*) .... à cette pensée.
c) Tu (*brandir*) .... ton épée.
d) Emma (*franchir*) .... la haie.
e) Vous (*obéir*) .... à vos parents.
f) Je (*réussir*) .... mon examen.

4 Coche le ou les pronoms correspondants et donne l'infinitif de chaque verbe.

verbe	je/j'	tu	il/elle	nous	vous	ils/elles	infinitif
éblouis							
faiblit							
arrondissons							
jaillissez							
retentissent							

Leçon 22 — Le futur des verbes des 1er et 2e groupes

CONJUGAISON

Le **futur** des verbes des 1er et 2e groupes se forme avec **l'infinitif** + les terminaisons : **-ai, -as, -a, -ons, -ez, -ont**.

Ex. : **Danser :**
je danser**ai**   nous danser**ons**
tu danser**as**   vous danser**ez**
il danser**a**   ils danser**ont**

Finir :
je finir**ai**   nous finir**ons**
tu finir**as**   vous finir**ez**
il finir**a**   ils finir**ont**

Pour l'adulte
Envoyer et **renvoyer** sont des verbes particuliers qui changent de radical au futur : j'enverrai, tu enverras, il enverra, nous enverrons, vous enverrez, ils enverront. Vous pouvez apprendre ces deux verbes au fur et à mesure à l'enfant et corriger ses éventuelles erreurs.

❶ Relie les pronoms sujets avec les verbes correspondants.

a) Demain, ils •   • nagerons.   f) Demain, je •   • terminerez.
b) Demain, vous •   • sauteront.   g) Demain, tu •   • chanteront.
c) Demain, nous •   • envahirez.   h) Demain, vous •   • cloueras.
d) Demain, tu •   • soupirera.   i) Demain, elles •   • choisira.
e) Demain, elle •   • finiras.   j) Demain, il •   • vérifierai.

❷ Complète en conjuguant, dans l'ordre, les verbes suivants au futur : crier – déplier – jouer – clouer – continuer.

a) Je .... dans le jardin.
b) Elles .... leurs habits de poupées.
c) Tu .... aux billes avec tes amis.
d) Papa .... une caisse en bois.
e) Vous .... de travailler ensemble.

Attention à ne pas oublier le « e » dans les verbes de cet exercice !

❸ Conjugue les verbes entre parenthèses au futur.

L'été prochain je *(visiter)* .... la Grèce. En août, toute la famille *(voyager)* ....
Bientôt Papa *(acheter)* .... les billets d'avion. D'abord nous *(commencer)* ....
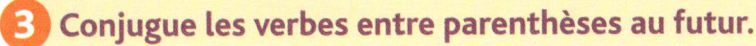
par voir Athènes, puis nous *(continuer)* .... par visiter le Péloponnèse.

❹ Réécris chaque phrase au futur.

a) La cuisinière adoucit la sauce avec un peu de crème fraîche. → ....
....

b) Tes cheveux blondissent au soleil. → ....
....

c) Nous choisissons une banane au dessert. → ....
....

d) Tu parles bien l'anglais. → ....

Leçon 23 — L'imparfait des verbes des 1er et 2e groupes

CONJUGAISON

Pour l'adulte
Faites attention à l'imparfait des verbes du 1er groupe qui se terminent par **-ier** : il y aura deux « i » qui se suivront aux 1re et 2e personnes du pluriel. Faites-le bien remarquer à l'enfant et proposez-lui de conjuguer quelques verbes du même genre : se marier, dédier, crier.
Ex. : Nous criions, vous pliiez...

→ **L'imparfait** est un temps utilisé pour décrire le passé.
Ex. : Autrefois, les hommes marchaient beaucoup pour se déplacer.

→ Pour conjuguer à l'imparfait un verbe du **1er groupe**, il faut partir du **radical** (infinitif du verbe sans -er) et ajouter les terminaisons suivantes : **-ais, -ais, -ait, -ions, -iez, -aient**.
Infinitif → radical + terminaisons de l'imparfait = je marchais   nous marchions
marcher   march   -ais, -ais...   tu marchais   vous marchiez
                                                   il marchait   ils marchaient

→ Pour conjuguer un verbe du **2e groupe** à l'imparfait, il faut partir du radical (infinitif du verbe sans -ir) et ajouter les terminaisons suivantes : **-issais, -issais, -issait, -issions, -issiez, -issaient**.
Ex. : Avant, l'école finissait fin juillet.

1 Relie les pronoms sujets et les verbes suivants.

a) Avant, ils • • nagions.
b) Avant, vous • • sautaient.
c) Avant, nous • • atterrissiez.
d) Avant, tu • • soupirait.
e) Avant, elle • • réunissais.
f) Avant, je • • pleurais.

g) Avant, je • • rougissait.
h) Avant, vous • • rêviez.
i) Avant, il • • grandissaient.
j) Avant, nous • • menais.
k) Avant, elles • • discutions.
l) Avant, tu • • finissais.

2 Complète le tableau.

infinitif	présent	imparfait
crier	je crie / nous crions	je criais / nous criions
identifier	j'............ / nous	j'............ / nous ....
multiplier	tu .... / vous	tu .... / vous ....
oublier	tu .... / vous	tu .... / vous ....

3 Écris les verbes entre parenthèses à l'imparfait.

a) Autrefois, les cuisinières *(épaissir)* .... les sauces avec un peu de farine.
b) Avant la rentrée, ces enfants *(désobéir)* .... trop souvent.
c) Jadis, les pirates *(ensevelir)* .... leur trésor.
d) Les feuilles *(jaunir)* .... dès le mois d'octobre.
e) Il y a quelques années, les boulangers *(pétrir)* .... le pain longtemps à la main.
f) Dans l'ancien temps, les femmes *(nourrir)* .... longtemps leur bébé.

Leçon 24 — Le présent des verbes *être* et *avoir*

CONJUGAISON

Pour l'adulte
Les verbes **être** et **avoir** sont utilisés sous forme d'**auxiliaires** pour aider à la formation des temps composés de la conjugaison (passé composé, etc.). Veillez à ce que l'enfant maîtrise l'orthographe de ces auxiliaires au présent pour faciliter l'apprentissage des temps composés.

ÊTRE	AVOIR
je suis	j'ai
tu es	tu as
il/elle est	il/elle a
nous sommes	nous avons
vous êtes	vous avez
ils/elles sont	ils/elles ont

Ex. : Je **suis** très content.
Pierre **est** en vacances.
Nous **sommes** cousins.
J'**ai** un beau vélo.
Marie **a** de nombreuses amies.
Vous **avez** de longs cheveux.

1 Être ou avoir ? Souligne les verbes conjugués et coche les bonnes cases.

	être	avoir
Le chevalier est courageux et fidèle.		
J'ai bientôt 9 ans.		
Tu es le frère de Pierre et de Louise.		
Je suis d'accord avec toi.		
Ils ont de la chance.		

	être	avoir
Les enfants sont à l'intérieur.		
Elle n'a pas de bonnet.		
Vous êtes trop petits.		
Nous avons de la chance.		
As-tu la dernière console ?		

2 Complète avec le verbe être au présent.

a) Nathan .... mon ami.
b) Je .... plus petite que lui.
c) Hugo et moi .... en vacances.
d) Tu .... sage !
e) Valérie et sa sœur .... contentes.
f) Paul et toi .... sortis les premiers.

Attention à ne pas confondre « est » et « es » !

3 Complète avec le verbe avoir au présent.

a) Tu .... une belle chemise.
b) Ces patientes .... mal aux dents.
c) Je n' .... peur de rien.
d) Sami n' .... pas sa règle.
e) Chloé et toi .... 20/20 à votre exercice !
f) Nous .... réussi à franchir ce ruisseau.

4 Complète les phrases avec les bonnes formes verbales.

a) Nous .... amis depuis longtemps.
b) Jean et toi .... sortis les premiers de la classe.
c) Cet oiseau .... de toutes les couleurs.
d) Elle .... un frère qui s'appelle Louis.
e) Ces fleurs .... un parfum délicat.
f) Tu .... des souliers neufs.

• êtes
• sommes
• est
• as
• ont
• a

Attention à ne pas confondre « as » et « a » !

Leçon 25 — Le présent des verbes *aller*, *dire* et *faire*

CONJUGAISON

Pour l'adulte
On ne doit pas dire « vous disez » mais « **vous dites** », et on ne doit pas dire « vous faisez » mais « **vous faites** ». Veillez à ce que l'enfant ne fasse pas ces erreurs, que l'on rencontre trop souvent à l'oral.

→ Verbe **aller** : je **vais**, tu **vas**, il **va**, nous **allons**, vous **allez**, ils **vont**.
Ex. : Je **vais** chez le boulanger. Victor **va** en vacances. Nous **allons** chez nos cousins.

→ Verbe **dire** : je **dis**, tu **dis**, il **dit**, nous **disons**, vous **dites**, ils **disent**.
Ex. : Je **dis** que tu as raison. Marie **dit** une belle histoire. Vous **dites** trop de bêtises.

→ Verbe **faire** : je **fais**, tu **fais**, il **fait**, nous **faisons**, vous **faites**, ils **font**.
Ex. : Je **fais** mes devoirs tous les soirs. Vous **faites** attention à vos affaires.

1 Complète avec le verbe aller conjugué au présent.

a) Victoria .... au conservatoire toutes les semaines.
b) Abel et moi .... nous entraîner chaque mercredi.
c) Vous .... bientôt sortir de chez vous ?
d) Les hirondelles .... traverser la mer.
e) Tu .... chez ta grand-mère.
f) Je .... bientôt fêter mon anniversaire.

Attention à ne pas confondre « vas » et « va » !

2 Complète avec le pronom qui convient.

a) Moi, ... dis une belle histoire.
b) Lui, ... dit un mensonge !
c) .... dites la vérité.
d) .... disons que c'est trop difficile.
e) .... disent bonjour à la maîtresse.
f) Toi, ... dis ce qui te passe par la tête.

3 Remplace les verbes soulignés par le verbe faire conjugué au présent.

Ex. : Il construit une belle maison. → Il **fait** une belle maison.

a) Je dessine une rose sur mon cahier de poésie. → Je .... une rose sur mon cahier de poésie.
b) Papa prépare un bon repas pour toute la famille. → Papa .... un bon repas pour toute la famille.
c) David et Alice construisent un château de sable. → David et Alice .... un château de sable.
d) Tu écris ton exercice. → Tu .... ton exercice.
e) Nous effectuons une addition. → Nous .... une addition.
f) Ton chien et toi, vous vous promenez. → Ton chien et toi, vous .... une promenade.

4 Complète les phrases avec les verbes aller, dire ou faire conjugués au présent.

a) Je .... à ma sœur de ranger ses affaires.
b) Mickaël et Anthony .... beaucoup de sport ensemble.
c) Vous ne .... pas l'exercice comme il faut !
d) Maman et moi, nous .... au marché le samedi matin.
e) Elle .... qu'elle ne connaît pas le chemin.

Attention à ne pas confondre « dis » et « dit » !

28

Leçon 26 — Le présent des verbes *pouvoir*, *partir* et *prendre*

CONJUGAISON

Pour l'adulte
Les enfants confondent souvent les formes « peux » et « peut ». Ils oublient fréquemment d'enlever le « t » des verbes en -tir (et écrivent « je parts » au lieu de « je pars »). Veillez à ce qu'ils ne fassent plus ces deux erreurs.

→ Verbe **pouvoir** : je **peux**, tu **peux**, il **peut**, nous **pouvons**, vous **pouvez**, ils **peuvent**.
Ex. : Je **peux** le faire. Lou **peut** sortir. Nous **pouvons** aller les voir.

→ Verbe **partir** : je **pars**, tu **pars**, il **part**, nous **partons**, vous **partez**, ils **partent**.
Ex. : Je **pars** en voyage. Sarah **part** chez sa sœur. Vous **partez** à Noël ?

→ Verbe **prendre** : je **prends**, tu **prends**, il **prend**, nous **prenons**, vous **prenez**, ils **prennent**.
Ex. : Je **prends** mes affaires pour le week-end. Vous **prenez** soin de votre chat.

1. Complète avec pouvoir conjugué au présent.

a) Isabelle .... faire du vélo à deux roues.
b) Léo et toi .... venir tous les jours.
c) Nous .... sortir dans la cour.
d) Les hiboux .... bien voir la nuit.
e) Tu .... m'envoyer une carte postale.
f) Je .... t'aider si tu veux.

2. Complète avec partir conjugué au présent.

a) Mes amis .... en Italie cet été.
b) Je .... prendre le train.
c) Tu .... chez ta tante ?
d) Nous sommes fatigués, nous ....
e) Léa .... boire un verre de jus d'orange.
f) Vous .... par le train de ce soir.

3. Remplace les verbes soulignés par le verbe prendre.

Ex. : Je bois un verre d'eau. → Je **prends** un verre d'eau.

a) Je saisis cette haute branche. → Je .... cette haute branche.
b) Tu pêches toujours de très gros poissons. → Tu .... toujours de très gros poissons.
c) Le policier empoigne le voleur vigoureusement. → Le policier .... le voleur vigoureusement.
d) Mes petites sœurs accaparent souvent l'attention de ma mère. → Mes petites sœurs .... souvent l'attention de ma mère.
e) Papa et toi retirez de l'argent au distributeur. Papa et toi .... de l'argent au distributeur.
f) Nous arrachons les mauvaises herbes. → Nous .... les mauvaises herbes.

4. Entoure les verbes conjugués dans les phrases suivantes et écris leur infinitif.

	infinitif		infinitif
Les enfants peuvent jouer aux billes.		Elles prennent un aller et retour.	
Ma sœur part en vacances.		Je peux tout t'expliquer.	
Nous prenons nos billets à l'avance.		Tu prends du fromage au dîner.	
Vous pouvez entrer à présent.		Le gagnant peut être fier.	
Elles partent en premier.		Vous partez dans trois jours.	

Leçon 27 — Le présent des verbes *venir*, *voir* et *vouloir*

CONJUGAISON

Pour l'adulte
La majorité des verbes du 3ᵉ groupe ont comme terminaisons **-s, -s, -t, -ons, -ez, -ont** au présent. Si l'enfant hésite sur un accord, conseillez-lui d'utiliser plutôt ces terminaisons. Montrez-lui que **vouloir, pouvoir, valoir** se conjuguent de la même façon au présent.

→ Verbe **venir** : je **viens**, tu **viens**, il **vient**, nous **venons**, vous **venez**, ils **viennent**.
Ex. : Je **viens** chez toi. Salomé **vient** d'arriver. Nous **venons** tout à l'heure.

→ Verbe **voir** : je **vois**, tu **vois**, il **voit**, nous **voyons**, vous **voyez**, ils **voient**.
Ex. : Je **vois** un beau paysage. Marc **voit** une pièce de théâtre. Vous **voyez** cet animal ?

→ Verbe **vouloir** : je **veux**, tu **veux**, il **veut**, nous **voulons**, vous **voulez**, ils **veulent**.
Ex. : Je **veux** le rencontrer. Vous **voulez** un rendez-vous ? Ils **veulent** sortir.

1 Complète avec le verbe **vouloir** conjugué au présent.

a) Matéo .... faire du judo.
b) Isabelle et son frère .... faire un cadeau à leur maman.
c) Nous .... sortir dans la forêt.
d) Quentin et toi .... jouer à un jeu de construction.
e) Tu .... de la tarte ?
f) Je .... que tu m'écoutes.

Attention aux terminaisons particulières des trois personnes du singulier du verbe vouloir : je v**eux**, tu v**eux**, il v**eut**.

2 Complète avec le verbe **venir** conjugué au présent.

a) Mes amis .... nous rejoindre en vacances.
b) Je .... de prendre le métro.
c) Tu .... chez moi tout à l'heure ?
d) Nous .... de poster ce paquet.
e) Léa .... de l'école.
f) Vous .... de la plage ?

3 Complète avec le verbe **voir** conjugué au présent.

a) Mes parents .... le directeur aujourd'hui.
b) Tu .... cette voiture ?
c) Je .... toutes ces vagues.
d) Anne .... un trou dans son collant.
e) Vous .... bien de loin ?

4 Entoure les verbes conjugués dans les phrases suivantes et écris leur infinitif.

	infinitif
Vous venez dès que possible.	
Tu veux encore du thé ?	
Manon ne voit pas bien de près.	
Elles veulent rester trois jours de plus.	
Les enfants ne voient pas la différence.	

	infinitif
Thomas vient au cinéma avec moi.	
Je ne veux plus entendre cette chanson.	
Tu viens faire les courses ?	
Nous voyons tous l'oiseau sur l'arbre.	
Vous en voulez toujours plus.	

Leçon 28
Le futur des verbes *être* et *avoir*

CONJUGAISON

Pour l'adulte
Attirez l'attention de l'enfant sur les terminaisons des 2ᵉ et 3ᵉ personnes du singulier qui se prononcent de la même façon mais ne s'écrivent pas de la même manière (**tu seras, il sera ; tu auras, il aura**). Proposez à l'enfant plusieurs phrases dans lesquelles il devra choisir la bonne terminaison.

		ÊTRE
SINGULIER	1ʳᵉ pers.	je ser**ai**
	2ᵉ pers.	tu ser**as**
	3ᵉ pers.	il ser**a**
PLURIEL	1ʳᵉ pers.	nous ser**ons**
	2ᵉ pers.	vous ser**ez**
	3ᵉ pers.	ils ser**ont**

		AVOIR
SINGULIER	1ʳᵉ pers.	j'aur**ai**
	2ᵉ pers.	tu aur**as**
	3ᵉ pers.	il aur**a**
PLURIEL	1ʳᵉ pers.	nous aur**ons**
	2ᵉ pers.	vous aur**ez**
	3ᵉ pers.	ils aur**ont**

Ex. : **Demain, je serai le premier arrivé !
Mes amis seront heureux de vous voir.**

Ex. : **Bientôt, tu auras 9 ans.
Pierre et toi aurez un bon gâteau pour votre fête.**

1 Complète avec le verbe être conjugué au futur.

a) Julien .... là à 18 heures.
b) Jean et sa sœur .... tristes de votre départ.
c) Nous .... en classe dès lundi prochain.
d) Philippe et toi .... bientôt arrivés.
e) Tu .... content de le revoir ?
f) Quand je .... grande, je .... maîtresse.

2 Complète avec le verbe avoir conjugué au futur.

a) Les joueurs .... soif après le match.
b) J' .... de tes nouvelles bientôt ?
c) Tu .... faim si tu ne manges pas plus.
d) Nous .... un nouveau maître l'an prochain.
e) Léa .... bientôt fini son travail.
f) Vous .... le temps, ne vous inquiétez pas !

3 « a » ou « as » ? Complète avec la bonne terminaison.

a) Tu aur.......... bientôt un petit frère.
b) Tu ser.......... heureuse.
c) Ta maman ser.......... fière de toi !
d) Il aur.......... peur dans ce manège.
e) Quand est-ce que tu aur.......... un petit frère ?
f) Est-ce qu'il aur.......... des cheveux blonds ?
g) Il ser.......... plus grand que lui.
h) Tu aur.......... plein de cadeaux à Noël.

4 Relie les verbes aux bons pronoms.

a) tu • • aurons
b) ils • • aura
c) il • • auras
d) nous • • auront
e) vous • • aurez
f) j' • • aurai

g) tu • • sera
h) ils • • seras
i) il • • serons
j) nous • • seront
k) vous • • serez
l) je • • serai

Leçon 29 : Le futur des verbes *aller*, *dire* et *faire*

CONJUGAISON

Pour l'adulte

1. Attirez l'attention de l'enfant sur le radical du verbe **faire** qui change au futur : il devient **fer-**.
2. Entraînez l'enfant à trouver le sujet de la phrase et à le remplacer par un pronom pour bien choisir entre les terminaisons -a et -as et les terminaisons -ons et -ont.
  Ex. : Paul ira chez le coiffeur. → sujet = Paul → il → ira
  Pierre et moi irons chez le coiffeur. → sujet = Pierre et moi → nous → irons

		ALLER	DIRE	FAIRE
SINGULIER	1re personne	j'ir**ai**	je dir**ai**	je fer**ai**
	2e personne	tu ir**as**	tu dir**as**	tu fer**as**
	3e personne	il ir**a**	il dir**a**	il fer**a**
PLURIEL	1re personne	nous ir**ons**	nous dir**ons**	nous fer**ons**
	2e personne	vous ir**ez**	vous dir**ez**	vous fer**ez**
	3e personne	ils ir**ont**	ils dir**ont**	ils fer**ont**

Ex. : **Tout à l'heure, j'irai chercher du pain. Mes amis iront au cinéma mercredi.**

Ex. : **Tu me diras ce que tu en penses. Nous dirons où nous partons.**

Ex. : **Je ferai une tarte pour le goûter. Ils feront un spectacle en fin d'année.**

---

1. Écris le verbe *aller* au futur.

a) Martin .... au conservatoire à 18 heures.
b) Capucine et sa sœur .... dans les Cévennes cet été.
c) Nous .... faire du poney lundi prochain.
d) Magali et toi .... à la patinoire demain matin.
e) Tu .... revoir ce film ?
f) Fais-moi confiance, j' .... chercher ton sac.

2. Complète avec le bon pronom.

a) .... diront leur poésie tout à l'heure.
b) .... direz où vous allez.
c) Diras- .... ce que tu préfères ?
d) .... dira merci pour être poli.
e) .... dirons au revoir à nos amis quand nous partirons.
f) .... te dirai où est le magasin.

3. Complète avec la bonne terminaison.

a) Il finir.......... de ranger ses vêtements.
b) Ta maman dir.......... ton âge.
c) Tu finir.......... bientôt de goûter.
d) Tu dir.......... ce que tu veux.
e) Les cousines fer.......... un petit spectacle.
f) Mon frère et moi fer.......... le tour du parc.

4. Mets les verbes entre parenthèses au futur.

a) Le jardinier *(faire)* .... bientôt la récolte de ses salades.
b) Je *(faire)* .... une bonne performance à la course.
c) Les enfants *(aller)* .... à la piscine tous les jeudis de juin.
d) J' *(aller)* .... chez ma grand-mère tous les ans en juillet.
e) Vous *(dire)* .... à la gardienne de fermer le portail ce soir.
f) Julie et moi *(dire)* .... notre récitation.
g) Oui, je le *(faire)* .... sans faute.
h) Nous *(faire)* .... de notre mieux.

Fais attention à la bonne terminaison !
il → ...**a** ;
tu → ...**as**.

CORRIGÉS

Les mots surlignés en jaune dans les pages de corrigés correspondent aux mots que l'enfant doit entourer ou encadrer dans les exercices.

Leçon 1 (page 4)

❶ Louise a terminé son travail. **Affirmative** ; Marie ne l'a pas commencé. **Négative** ; Je ne le supporte plus. **Négative** ; Nous aimons le chocolat. **Affirmative** ; Ce matin, il y a du brouillard. **Affirmative** ; Je n'y vois rien ! **Négative**.

❷ Il **ne** faut **jamais** commencer à fumer ! Ce **n'**est vraiment **pas** bon pour la santé ! / Je **n'**ai **pas** vu ton frère depuis longtemps. J'espère qu'il **n'**est **pas** malade. / Les saisons **ne** sont **plus** ce qu'elles étaient ! Une hirondelle **ne** fait **pas** le printemps. / Je **n'**ai vu **ni** ton père **ni** ta mère.

❸ a) Cette voiture roule. b) Elle a encore de l'essence. c) J'aime tout dans ce livre. d) C'est promis, je le ferai toujours !

❹ a) Les enfants ne s'amusent pas dans la cour. b) Le soleil ne brille pas dans le ciel. c) Marie ne veut plus jouer. d) Ne désires-tu pas quelque chose ? *ou* Ne désires-tu rien ?

Leçon 2 (page 5)

❶ Les enfants adorent dessiner. **Déclarative** ; Je ne sais pas. **Déclarative** ; As-tu rangé ta chambre ? **Interrogative** ; En es-tu sûr ? **Interrogative** ; Qui sonne à la porte ? **Interrogative** ; Oui maman ! **Déclarative**.

❷ a) Mon chien a aboyé ce matin ? b) Est-ce que mon chien a aboyé ce matin ? c) Mon chien a-t-il aboyé ce matin ? d) Quand mon chien a-t-il aboyé ?

❸ a) Est-ce qu'il y a beaucoup de nuages ce matin ? b) Est-ce que je mangerai avec toi à midi ? c) Est-ce que cette veste vaut bien son prix ? d) Est-ce que je vais me coucher ?

❹ a) Tu partiras ce week-end. b) Ta chienne a fait ses petits. c) Tu as bien compris.

Leçon 3 (page 6)

❶ Louis <u>a</u> 8 ans. Hier, il <u>a fêté</u> son anniversaire. L'année dernière, il <u>avait</u> 7 ans. L'an prochain, il <u>aura</u> 9 ans. Il <u>a invité</u> beaucoup d'amis.

❷ a) Aujourd'hui, Maxime prépare ses bagages. b) Hier, il est parti au ski pour les vacances. c) Demain, il achètera un nouvel équipement ! d) L'an prochain, il ira dans les Pyrénées.

❸ a) Lou-Ann va dessiner une fleur. → verbe « **dessiner** » ; b) Nathan va découper un masque. → verbe « **découper** » ; c) Paul va se déguiser pour le carnaval. → verbe « **se déguiser** » ; d) Naël et Sabelle vont faire du vélo. → verbe « **faire** ».

❹ **Verbes en -er** : danser – changer – payer ; **Verbes en -ir** : finir – choisir – venir ; **Verbes ayant une autre terminaison** : descendre – coudre – croire.

Leçon 4 (page 7)

❶ Les **noms** de la liste sont : poule, Nathalie, Jura, Méditerranée, loup, Paul, clown, clou.

❷ C'est l'<u>été</u>. Nous allons partir à la <u>montagne</u> dans les Pyrénées. Nous allons faire du <u>camping</u> à Saint-Lary. Camille a acheté une nouvelle <u>tente</u>. Je ne vais pas oublier mon <u>chapeau</u> ni mes <u>lunettes de soleil</u> !

❸ **Noms propres** : Paul, Montpellier, Angleterre ; **Noms communs** : chien, clavier, pomme, chocolat ; **Autres** : manger, écrire, dans.

❹ a) Paris ; b) Chine ; c) Mont-Blanc ; d) Alpes ; e) Loire ; f) Méditerranée ; g) la Manche.

Leçon 5 (page 8)

❶ a) un joli <u>bateau</u> ; b) une petite <u>fille</u> ; c) le gros <u>chien</u> jaune ; d) la vieille <u>tante</u> ; e) l'<u>oiseau</u> bleu ; f) un <u>garçon</u> poli.

❷ a) <u>Les</u> autobus de <u>la</u> ville sont jaunes. b) <u>Un</u> oiseau chante sur <u>la</u> haie. c) J'adore <u>les</u> glaces à <u>la</u> vanille. d) <u>L'</u>avion qui vient de passer vole au-dessus <u>des</u> nuages. e) J'ai acheté <u>une</u> lampe rouge. f) <u>Le</u> gros poisson là-bas est <u>une</u> carpe. g) <u>Les</u> flamants se reposent sur <u>une</u> patte. h) <u>La</u> fillette fait de <u>la</u> danse dans <u>le</u> gymnase. i) <u>Le</u> frère de Léo a attrapé <u>une</u> bronchite. j) <u>Le</u> chien a troué <u>les</u> pantoufles.

❸ a) Les ; b) Un ; c) L' ; d) La ; e) Des.

❹ a) le ; b) la ; c) le / les (*On acceptera aussi « a coupé des arbres. »*) ; d) Les / la ; e) L'.

Leçon 6 (page 9)

❶ a) ma chienne ; b) ta camarade ; c) ma sœur ; d) sa mère ; e) ta cousine ; f) ta tante.

❷ a) son chat ; b) ses stylos ; c) sa trottinette ; d) leur maison ; e) Ce sont leurs fleurs. f) Ce sont mes livres.

❸ a) sa → féminin singulier ; b) son → masculin singulier ; c) ses → masculin pluriel ; d) sa → féminin singulier ; e) son → masculin singulier.

❹ Tu dois faire attention à **tes** affaires. / J'ai perdu **mes** clefs. / Paul a rangé **ses** cahiers dans son bureau. / Tu connais Sami et Julie, as-tu déjà rencontré **leurs** parents ? / Ma sœur et moi fêtons les 50 ans de mariage de **nos** grands-parents. / Pierre et toi, vous prenez **vos** vélos pour sortir vous promener en forêt. / Lou et Martin ont égaré **leurs** affaires de sport. / J'ai invité **mes** amis pour mon anniversaire.

Leçon 7 (page 10)

❶ a) Il ronge son os. b) Elle s'appelle Léa. c) Ils adorent la musique. d) Elle butine une rose. e) Ils sont allés au cinéma. f) On a refermé la porte.

❷ a) Vous ; b) Nous ; c) Ils, Elles ; d) Tu ; e) Je, Il, Elle, On ; f) Nous.

❸ a) Martin/il ; b) Marie et toi/vous ; c) la voiture/elle ; d) ma mère et moi/nous ; e) les filles/elles.

❹ a) Les garçons, ils dévalent la pente à toute vitesse. b) Toi, tu savoures cette glace. c) Marie et moi, nous sommes cousins. d) Lou, elle dessine bien. e) Pierre et toi, vous avez les mêmes chaussures de sport.

Leçon 8 (page 11)

❶ a) Cette <u>glace</u> délicieuse a un <u>parfum</u> vanillé. b) J'ai pris ma grosse <u>valise</u> pour les <u>vacances</u>. c) La <u>malle</u> est vraiment lourde ! d) La prochaine <u>fois</u>, j'en prendrai une autre. e) Il habite dans un petit <u>village</u>. f) Son <u>frère</u> aîné vit dans une haute <u>tour</u>.

❷ a) féminin pluriel ; b) masculin pluriel ; c) féminin singulier ; d) féminin pluriel ; e) féminin singulier.

❸ a) Des animaux habitent sous les écorces des arbres. b) Ils se protègent des oiseaux ! Ces rapaces leur font peur.

❹ a) Les vaches allongées ruminent. b) Ces jolies tulipes ont été plantées par mon grand-père. c) Après cette longue randonnée nous sommes bien fatigués. d) Mes chemises sont repassées et prêtes à être rangées. e) Ces fruits sont bien mûrs.

❺ Lorsqu'il aperçut cette curieuse petite femme, il se demanda si ce n'était pas une mauvaise plaisanterie. Elle portait une robe verte beaucoup trop large pour elle. Ses cheveux, mal brossés, volaient dans tous les sens. Elle ressemblait à une vieille sorcière.

CORRIGÉS

Leçon 9 (page 12)

❶ Jean a fait un beau voyage. / Nina et Louise ont le même âge. / Vous viendrez nous rendre une petite visite ? / Comment s'appelle le frère de Paul ? / Le facteur du quartier passe tous les jours. / Les commerçants du village organisent une kermesse chaque année.
❷ a) grand ; **b)** petite ; **c)** gigantesque ; **d)** bleu ; **e)** sombres ; **f)** sauvages.
❸ a) La belle voiture de mon voisin est toute neuve. **b)** La nouvelle directrice de l'école s'appelle Madame Jolie. **c)** Cet ouvrier prudent porte toujours son casque. **d)** Mon grand cousin du sud adore faire du patin.
❹ a) le petit avion du pilote ; **b)** le panneau triangulaire du coin de la rue ; **c)** le chat sauvage de ma grand-mère ; **d)** la pomme verte de l'arbre ; **e)** l'arbre fleuri du jardin ; **f)** les poules déplumées du fermier.

Leçon 10 (page 13)

❶ a) Cécile m'attend sagement à la sortie de l'école. **b)** Cette voiture roule dangereusement ! **c)** Elle va trop vite ! **d)** Nous serons bientôt arrivés à la maison. **e)** Autrefois, un roi régnait sur notre pays. **f)** Jeanne a garé son vélo doucement. **g)** Martin veut plus de dessert. **h)** J'ai rencontré mes amis aujourd'hui à la gare.
❷ a) L'adverbe « très » précise le sens de l'adjectif qualificatif « forte ». **b)** L'adverbe « beaucoup » précise le sens du verbe « aime ». **c)** L'adverbe « lentement » précise le sens du verbe « avances ». **d)** L'adverbe « beaucoup » précise le sens de l'adverbe « trop ».
❸ Grand → adjectif féminin : grande → adverbe : grandement ; forte → adjectif masculin : fort → adverbe : fortement ; longuement → adjectif masculin : long → adjectif féminin : longue.
❹ a) élégamment ; **b)** tranquillement ; **c)** sagement ; **d)** poliment.

Leçon 11 (page 14)

❶ J'ai vu une vache. Elle broutait de l'herbe bien verte. Elle fera un bon lait ! Avec la crème on pourra faire du bon beurre. Nous nous en servirons pour préparer des crêpes, des gaufres et des gâteaux.
❷ Léo a mangé trop de bonbons. Maintenant, il est malade. Sa maman appelle le docteur et lui raconte la mésaventure de Léo. Léo ne recommencera pas, il a compris son erreur. Demain, il dégustera des fruits.
❸ a) Hier : complément circonstanciel de temps du verbe « a mangé » ; **b)** Pierre : sujet du verbe « a mangé » ; **c)** une : détermine le nom « glace » ; **d)** délicieuse : qualifie le nom « glace » ; **e)** glace : complément d'objet direct du verbe « a mangé ».
❹ a) Aujourd'hui : adverbe ; **b)** Marie : nom propre ; **c)** a choisi : verbe « choisir » ; **d)** un : article indéfini ; **e)** album : nom commun.

Leçon 12 (page 15)

❶ a) En hiver, mon père s'occupe des arbres du jardin. **b)** Il utilise une tronçonneuse. **c)** Parfois, papa coupe les petites branches avec une scie. **d)** Les arbres fruitiers pousseront mieux au printemps prochain.
❷ a) Il ; **b)** Ils ; **c)** Elles ; **d)** nous ; **e)** vous.
❸ a) nom propre ; **b)** pronom personnel ; **c)** nom propre ; **d)** nom commun ; **e)** pronom personnel.
❹ a) vrai. Verbe : « chantent » ; **b)** faux. Verbe : « animent » ; **c)** vrai. Verbe : « jouent » ; **d)** faux. Verbe : « roulent » ; **e)** vrai. Verbe : « brillent ».

Leçon 13 (page 16)

❶ a) Papa aide ma sœur à faire du vélo sans roulettes. **b)** Nous apprenons le français en classe. **c)** Pierre attend son bus depuis un quart d'heure. **d)** Louis a perdu son stylo. **e)** Ce soir, nous commanderons une pizza.
❷ Les COD sont : **a)** les cookies ; **b)** son vélo ; **c)** tous les habitants ; **d)** une maison ; **e)** les dents.
❸ a) Le matin nous prenons la voiture pour aller à l'école. **b)** J'ai perdu ma première dent de lait l'année dernière. **c)** Nous aimons la natation. **d)** Des néons éclairent ce parking. **e)** Louis écoute la radio. **f)** Elle préfère les reportages animaliers. **g)** De gros nuages gris remplissent le ciel. **h)** Je prendrai mon parapluie pour sortir.
❹ a) faux ; **b)** vrai ; **c)** faux ; **d)** vrai ; **e)** faux.

Leçon 14 (page 17)

❶ Les COI sont : **a)** d'une révision ; **b)** de lui ; **c)** à ton voisin ; **d)** à sa sœur ; **e)** à Mattéo ; **f)** avec Sarah ; **g)** de ce crayon ; **h)** de bavarder ; **i)** de son anniversaire ; **j)** Il n'y a pas de COI dans cette phrase.
❷ a) Depuis longtemps je me souviens de ce voyage. **b)** J'ai besoin de mon dictionnaire pour bien écrire. **c)** Elle a profité de l'occasion pour le lui dire. **d)** Hier, mon frère est parti pour l'Angleterre. **e)** Ce matin, il a oublié de fermer la porte.
❸ a) vrai ; **b)** faux ; **c)** faux ; **d)** faux ; **e)** vrai.
❹ Elle écrit à son amie. → COI ; Les enfants adore la natation. → COD ; J'ai savouré ce bon dessert. → COD ; Il le montre à son ami. → COI ; Je me souviens de cette année-là. → COI ; Nous le lui envoyons. → COI ; Tu offres des fleurs. → COD ; J'adore les viennoiseries. → COD.
❺ a) COD : une fourchette. COI : à son frère ; **b)** COD : la gare. COI : aux touristes ; **c)** COD : des glaces. COI : à Gaspard et Ondine.

Leçon 15 (page 18)

❶ a) un livre d'histoires ; **b)** un héros de légende ; **c)** un conte de fées ; **d)** un jour sans soleil ; **e)** une porte en fer ; **f)** un mur de pierre ; **g)** un cahier de texte ; **h)** des patins à roulettes ; **i)** un œuf de dinosaure ; **j)** du sirop à la menthe.
❷ a) de ; **b)** en ; **c)** sans ; **d)** de ; **e)** à ; **f)** à.
❸ a) un maillot de bain ; **b)** un aller sans retour ; **c)** un pot en verre ; **d)** une chaussure de clown ; **e)** une plume d'oie ; **f)** des lunettes de vue.
❹ a) groupe nominal ; **b)** verbe à l'infinitif ; **c)** nom propre ; **d)** adverbe.

Leçon 16 (page 19)

❶ a) Depuis trois jours, j'ai mal aux dents. **b)** Je l'ai vu la semaine dernière pour la dernière fois. **c)** Autrefois les trains fonctionnaient à la vapeur. **d)** J'ai appris ce matin que tu partirais bientôt à Lyon.
❷ a) Il y a une fontaine sur la place. **b)** J'ai perdu mon gant à l'école. **c)** Il a perdu ses chaussettes sous son lit. **d)** Nous irons en voyage près de la mer Méditerranée cet été.
❸ a) Les bateaux naviguent le long des côtes. **b)** Marianne va à la piscine. **c)** Tu viendras me rendre visite pendant les vacances. **d)** À l'école nous faisons du sport toutes les semaines.
❹ L'année dernière : CCT ; en bus : CCM ; à Marseille : CCL ; parce qu'il fait froid : CCC ; Pendant le carnaval : CCT.

Leçon 17 (page 20)

❶ a) J'ai lu un beau roman cet été. **b)** Ma petite sœur aime les spectacles de marionnettes. **c)** Ma mère se reposera un peu tout à l'heure. **d)** Nous irons dans la forêt pour faire du vélo. **e)** La marchande vend des belles pommes rouges.
❷ a) Élise a donné à sa sœur son vélo trop petit pour elle. COI ; **b)** Louise aime les bananes encore vertes. COD ; **c)** Ce feu d'artifice illumine la nuit. COD ; **d)** J'ai cueilli des fleurs dans le pré. COD ; **e)** Il offre à ses amis un beau spectacle au théâtre. COI.
❸ a) Les abeilles récoltent le pollen des fleurs. **b)** J'ai acheté des patins à roulettes de compétition. **c)** C'est une table en châtaigner. **d)** Justine aime

2

les poupées de porcelaine. **e)** Cette maison a de jolis murs de briques. **f)** Maman utilise une table à repasser pour le linge. **g)** Mon père a tourné un joli pot de terre. **h)** Ces sacs en plastique polluent longtemps la nature. **i)** L'ordinateur du bureau est tombé en panne. **j)** Ma sœur utilise un fer à friser pour boucler ses cheveux.

❹ **a)** Il y a une tempête en Indonésie. **b)** Bientôt, nous irons rendre visite à tes amis. **c)** Mon père conduit prudemment sa voiture. **d)** La nuit, il faut allumer ses feux de croisement. **e)** Le jardinier ouvre la vanne pour arroser. **f)** Il pleut depuis plusieurs jours. **g)** L'année dernière j'ai fêté mes 7 ans. **h)** Mes amis déménagent à Venise. **i)** Valérie travaille pour réussir son examen. **j)** Ma famille habite à Nîmes.

Leçon 18 (page 21)

❶ **a)** présent ; **b)** présent ; **c)** futur ; **d)** passé ; **e)** passé.
❷ bientôt : futur ; avant : passé ; il y a cent ans : passé ; plus tard : futur ; maintenant : présent ; en ce moment : présent.
❸ Aujourd'hui, j'ai 8 ans. → présent ; L'année dernière, j'avais 7 ans. → passé ; L'an prochain, j'aurai 9 ans. → futur.
❹ **a)** Autrefois ; **b)** Il y a un an ; **c)** bientôt ; **d)** Aujourd'hui.

Leçon 19 (page 22)

❶ pleurer : je pleure, tu pleures, il pleure, nous pleurons, vous pleurez, ils pleurent ; plonger : je plonge, tu plonges, il plonge, nous plongeons, vous plongez, ils plongent ; scier : je scie, tu scies, il scie, nous scions, vous sciez, ils scient.
❷ **a)** Paul et toi, vous savourez. **b)** Les enfants, ils dansent. **c)** Toi, tu nages. **d)** Ma mère et moi, nous mangeons. **e)** Moi, je pleure *ou* plonge. **f)** Magali, elle plonge *ou* pleure.
❸ **a)** Nous marchons dans le jardin. **b)** Elles habillent leurs poupées. **c)** Vous semblez surprises. **d)** Je décide de rester un peu.

Leçon 20 (page 23)

❶ glacer : je glace, tu glaces, il glace, nous glaçons, vous glacez, ils glacent ; nettoyer : je nettoie, tu nettoies, il nettoie, nous nettoyons, vous nettoyez, ils nettoient ; conjuguer : je conjugue, tu conjugues, il conjugue, nous conjuguons, vous conjuguez, ils conjuguent.
❷ **a)** Lucas et toi, vous percez. **b)** Les filles, elles s'ennuient. **c)** Toi, tu places. **d)** Mon frère et moi, nous plaçons. **e)** Moi, je divague. **f)** Mon chien, il aboie.
❸ **a)** Nous naviguons sur un voilier. **b)** Elles prodiguent des soins à leurs poupées. **c)** Tu bégaies quand tu as peur. **d)** Marie appuie sur le bouton de l'ascenseur. **e)** Vous déplacez votre voiture. **f)** Je lace mes chaussures.

Leçon 21 (page 24)

❶ avertir : j'avertis, tu avertis, il avertit ; blanchir : nous blanchissons, vous blanchissez, ils blanchissent ; établir : j'établis, nous établissons, ils établissent.
❷ **a)** Marc et toi, vous aplatissez la pâte. **b)** Les maçons, ils bâtissent les fondations. **c)** Toi, tu approfondis tes connaissances. **d)** Ma mère et moi, nous établissons des règles. **e)** Magali, elle guérit en quelques jours.
❸ **a)** Nous accomplissons notre devoir. **b)** Elles frémissent à cette pensée. **c)** Tu brandis ton épée. **d)** Emma franchit la haie. **e)** Vous obéissez à vos parents. **f)** Je réussis mon examen.
❹ éblouis : j', tu → éblouir ; faiblit : il/elle → faiblir ; arrondissons : nous → arrondir ; jaillissez : vous → jaillir ; retentissent : ils/elles → retentir.

Leçon 22 (page 25)

❶ **a)** Demain, ils sauteront. **b)** Demain, vous envahirez. **c)** Demain, nous nagerons. **d)** Demain, tu finiras. **e)** Demain, elle soupirera. **f)** Demain, je vérifierai. **g)** Demain, tu cloueras. **h)** Demain, vous terminerez. **i)** Demain, elles chanteront. **j)** Demain, il choisira.
❷ **a)** Je crierai dans le jardin. **b)** Elles déplieront leurs habits de poupées. **c)** Tu joueras aux billes avec tes amis. **d)** Papa clouera une caisse en bois. **e)** Vous continuerez de travailler ensemble.
❸ visiterai ; voyagera ; achètera ; commencerons ; continuerons.
❹ **a)** La cuisinière adoucira la sauce avec un peu de crème fraîche. **b)** Tes cheveux blondiront au soleil. **c)** Nous choisirons une banane au dessert. **d)** Tu parleras bien l'anglais.

Leçon 23 (page 26)

❶ **a)** Avant, ils sautaient. **b)** Avant, vous atterrissiez. **c)** Avant, nous nagions. **d)** Avant, tu pleurais *ou* réunissais. **e)** Avant, elle soupirait. **f)** Avant, je réunissais *ou* pleurais. **g)** Avant, je menais *ou* je finissais. **h)** Avant, vous rêviez. **i)** Avant, il rougissait. **j)** Avant, nous discutions. **k)** Avant, elles grandissaient. **l)** Avant, tu finissais *ou* menais.
❷ identifier : j'identifie / nous identifions ; j'identifiais / nous identifiions ; multiplier : tu multiplies / vous multipliez ; tu multipliais / vous multipliiez ; oublier : tu oublies / vous oubliez ; tu oubliais / vous oubliiez.
❸ **a)** épaississaient ; **b)** désobéissaient ; **c)** ensevelissaient ; **d)** jaunissaient ; **e)** pétrissaient ; **f)** nourrissaient.

Leçon 24 (page 27)

❶ Le chevalier est courageux et fidèle. être ; J'ai bientôt 9 ans. avoir ; Tu es le frère de Pierre et de Louise. être ; Je suis d'accord avec toi. être ; Ils ont de la chance. avoir ; Les enfants sont à l'intérieur. être ; Elle n'a pas de bonnet. avoir ; Vous êtes trop petits. être ; Nous avons de la chance. avoir ; As-tu la dernière console ? avoir.
❷ **a)** est ; **b)** suis ; **c)** sommes ; **d)** es ; **e)** sont ; **f)** êtes.
❸ **a)** as ; **b)** ont ; **c)** ai ; **d)** a ; **e)** avez ; **f)** avons.
❹ **a)** Nous sommes amis depuis longtemps. **b)** Jean et toi êtes sortis les premiers de la classe. **c)** Cet oiseau est de toutes les couleurs. **d)** Elle a un frère qui s'appelle Louis. **e)** Ces fleurs ont un parfum délicat. **f)** Tu as des souliers neufs.

Leçon 25 (page 28)

❶ **a)** va ; **b)** allons ; **c)** allez ; **d)** vont ; **e)** vas ; **f)** vais.
❷ **a)** je ; **b)** il ; **c)** Vous ; **d)** Nous ; **e)** Ils *ou* Elles ; **f)** tu.
❸ **a)** fais ; **b)** fait ; **c)** font ; **d)** fais ; **e)** faisons ; **f)** faites.
❹ **a)** dis ; **b)** font ; **c)** faites ; **d)** allons ; **e)** dit.

Leçon 26 (page 29)

❶ **a)** peut ; **b)** pouvez ; **c)** pouvons ; **d)** peuvent ; **e)** peux ; **f)** peux.
❷ **a)** partent ; **b)** pars ; **c)** pars ; **d)** partons ; **e)** part ; **f)** partez.
❸ **a)** prends ; **b)** prends ; **c)** prend ; **d)** prennent ; **e)** prenez ; **f)** prenons.
❹ Les enfants peuvent jouer aux billes. Pouvoir ; Ma sœur part en vacances. Partir ; Nous prenons nos billets à l'avance. Prendre ; Vous pouvez entrer à présent. Pouvoir ; Elles partent en premier. Partir ; Elles prennent un aller et retour. Prendre ; Je peux tout t'expliquer. Pouvoir ; Tu prends du fromage au dîner. Prendre ; Le gagnant peut être fier. Pouvoir ; Vous partez dans trois jours. Partir.

Leçon 27 (page 30)

❶ **a)** veut ; **b)** veulent ; **c)** voulons ; **d)** voulez ; **e)** veux ; **f)** veux.
❷ **a)** viennent ; **b)** viens ; **c)** viens ; **d)** venons ; **e)** vient ; **f)** venez.

CORRIGÉS

❸ a) voient ; b) vois ; c) vois ; d) voit ; e) voyez.
❹ Vous **venez** dès que possible. **Venir** ; Tu **veux** encore du thé ? **Vouloir** ; Manon ne **voit** pas bien de près. **Voir** ; Elles **veulent** rester trois jours de plus. **Vouloir** ; Les enfants ne **voient** pas la différence. **Voir** ; Thomas **vient** au cinéma avec moi. **Venir** ; Je ne **veux** plus entendre cette chanson. **Vouloir** ; Tu **viens** faire les courses ? **Venir** ; Nous **voyons** tous l'oiseau sur l'arbre. **Voir** ; Vous en **voulez** toujours plus. **Vouloir**.

Leçon 28 (page 31)

❶ a) sera ; b) seront ; c) serons ; d) serez ; e) seras ; f) serai ; serai.
❷ a) auront ; b) aurai ; c) auras ; d) aurons ; e) aura ; f) aurez.
❸ a) auras ; b) seras ; c) sera ; d) aura ; e) auras ; f) aura ; g) sera ; h) auras.
❹ a) tu auras ; b) ils auront ; c) il aura ; d) nous aurons ; e) vous aurez ; f) j'aurai ; g) tu seras ; h) ils seront ; i) elle sera ; j) nous serons ; k) vous serez ; l) je serai.

Leçon 29 (page 32)

❶ a) ira ; b) iront ; c) irons ; d) irez ; e) iras ; f) irai.
❷ a) Ils *ou* Elles ; b) Vous ; c) tu ; d) Il ; e) Nous ; f) Je.
❸ a) finira ; b) dira ; c) finiras ; d) diras ; e) feront ; f) ferons.
❹ a) fera ; b) ferai ; c) iront ; d) irai ; e) direz ; f) dirons ; g) ferai ; h) ferons.

Leçon 30 (page 33)

❶ a) pourra ; b) pourra ; c) pourrons ; d) pourrez ; e) pourras ; f) pourrai.
❷ a) Ils *ou* Elles ; b) Vous ; c) tu ; d) Nous.
❸ a) partira ; b) partiront ; c) partiras ; d) partirons ; e) partirez ; f) partirai.
❹ a) prendrez ; b) prendras ; c) prendra ; d) prendront ; e) prendrons.

Leçon 31 (page 34)

❶ a) viendra ; b) viendront ; c) viendrons ; d) viendrez ; e) viendras ; f) viendrai.
❷ a) verrez ; b) verras ; c) verrons ; d) verra ; e) verrai.
❸ voudrai ; voudra ; voudrez ; voudront.
❹ a) viendront ; b) verrons ; c) voudrez ; d) viendras ; e) verrai ; f) voudra.

Leçon 32 (page 35)

❶ a) avait ; b) avaient ; c) avions ; d) étiez ; e) étais ; f) étais.
❷ a) ils *ou* elles ; b) Vous ; c) je *ou* tu ; d) il ; e) nous ; f) je *ou* tu.
❸ Je serai là demain. / J'**étais** là hier. / Tu veux bien venir maintenant ? / Tu **avais** raison de te couvrir ce matin. / J'ai faim ! / J'aurais tort ce soir si je n'y vais pas. / Avant, j'**avais** peur du noir. / Nous serons sages dès qu'il sera là. / Nous **étions** sages pendant toute notre enfance. / Maintenant, nous sommes contents de tes résultats. / Elles **étaient** dehors tous les jours. / Elles seront dedans dès que tu les y mettras.
❹ a) avais ; b) étiez ; c) avaient ; d) étaient ; e) avais.

Leçon 33 (page 36)

❶ a) allait ; b) allaient ; c) allions ; d) alliez ; e) allais ; f) allais.
❷ a) disaient ; b) disiez ; c) Disais ; d) disait ; e) disions ; f) disais.
❸ D'habitude, je **faisais** mes devoirs avant de jouer. / La prochaine fois, tu feras une exception. / Il **faisait** un beau dessin après son travail. / Il fait nuit tous les jours à 18 h 00. / Il fera jour demain à 6 h 00. / L'année dernière, au salon aéronautique, les pilotes **faisaient** des loopings dans le ciel pour épater les spectateurs. / Elles ne font rien si on ne leur dit pas de commencer. / Nous le **faisions** encore la semaine dernière. / Vous ne le **faisiez** plus depuis longtemps. / On le fera toujours l'été prochain.

❹ a) allais ; b) disiez ; c) faisaient ; d) allaient ; e) faisais ; f) disait ; g) alliez.

Leçon 34 (page 37)

❶ a) pouvait ; b) pouvaient ; c) pouvions ; d) pouviez ; e) pouvais ; f) pouvais.
❷ a) partaient ; b) partiez ; c) Partais ; d) partait ; e) partions ; f) partais.
❸ Le matin, je **prenais** mon cartable. / Maintenant, il prend son bain. / Tu **prenais** ton billet de train un mois avant le départ. / Il fera jour demain à 7 h 30. / Il **prenait** son plateau tous les jours à la cantine. / Ils **prenaient** rendez-vous à l'avance. / Elles prendront rendez-vous pour le mois prochain. / Nous en prenons encore dès à présent. / Vous n'en **preniez** plus car c'**était** mauvais pour vous. / On le fera encore si vous le souhaitez.
❹ a) prenais ; b) pouvait ; c) partais ; d) prenions ; e) pouvaient ; f) partiez.

Leçon 35 (page 38)

❶ a) venait ; b) venaient ; c) venions ; d) veniez ; e) venais ; f) venais.
❷ a) vouliez ; b) voulais ; c) voulaient ; d) voulions ; e) voulait.
❸ a) voyions ; b) voyiez ; c) Voyais ; d) voyait ; e) voyaient ; f) voyais.
❹ Je **voulais** prendre mon sac avant de partir. / Il veut faire couler un bain maintenant. / Tu **voulais** acheter un billet de cinéma dès mercredi dernier. / Il verra le jour bientôt. / Il **voulait** prendre son plateau avant la fin du service. / Ils **voulaient** avoir un rendez-vous rapidement. / Elles voudront sortir la semaine prochaine. / Nous en voulons encore tout de suite. / Vous n'en **vouliez** plus, alors je les ai jetés. / On en voudra encore si c'est possible demain.
❺ Je venais au stade tous les mercredis. / Mon père voyait bien sans lunettes pendant des années. / Chaque été, tu voulais partir faire le tour du monde ! / Autrefois, nous venions en calèche dans les prés. / Autrefois les hommes qui ne voyaient pas bien étaient très handicapés. / Julie et toi vouliez partager la même tente de camping l'été dernier.

Leçon 36 (page 39)

❶ a) Nous avons été les premiers plusieurs fois. b) Jean et toi avez été fatigués après votre grippe. c) J'ai eu un cousin qui s'appelait Albert. d) Bertrand a eu un pantalon trop court pour lui. e) Tu as eu un nouveau vélo à ton anniversaire.
❷ a) avons été ; b) avez été ; c) a été ; d) ai été ; e) as été ; f) ont été.
❸ Il **a été** très courageux. **être** ; J'ai eu 9 ans il y a trois jours. **avoir** ; Tu **as été** étonné de le voir là. **être** ; J'ai été soigné par le docteur Pilule. **être** ; Ils **ont eu** beaucoup de chance. **avoir**.
❹ a) as eu ; b) ont eu ; c) ai eu ; d) n'a pas eu ; e) avez eu ; f) avons eu ; g) ont eu.

Leçon 37 (page 40)

❶ a) chats : les, des ; b) chat : le, un ; c) maison : la, une ; d) fleurs : les, des ; e) amies : les, des ; f) garçons : les, des.
❷ a) J'ai vu une toute petite chienne. b) J'aime les sentiers étroits. c) J'ai vu une souris grise. d) Il y a des animaux sauvages dans la jungle. e) Il y a de vieilles tables dans cette école. f) Gribouille est une chatte noire. g) Nous sommes entourés de hautes tours. h) C'est une gentille petite fille. i) Une forte tempête a dévasté la région. j) Les vieilles femmes marchaient doucement.
❸ des petits lapins ; des jolies chèvres ; des beaux papillons ; les grands frères ; des belles maisons.
❹ La saison chaude dure depuis quelques mois. Des vents violents et brûlants soufflent sur la plaine. Les rares accalmies permettent aux pauvres animaux de se diriger près des mares asséchées. Les bêtes squelettiques s'effondrent une à une. Puis, soudain, une pluie torrentielle arrive. Les animaux assoiffés peuvent se désaltérer.

CORRIGÉS

Leçon 38 (page 41)

❶ courageuse ; calculatrice ; correctrice ; directrice ; trompeuse ; médiatrice ; boudeuse ; charmeuse.
❷ a) gaie ; b) parfaite ; c) ravissante ; d) tendue ; e) mauvaise ; f) peureuse.
❸ a) blond ; b) chaleureux ; c) ambitieux ; d) familier ; e) clair ; f) élégant.
❹ a) Il fait une température bien fraîche. b) C'est une fleur automnale. c) J'ai rencontré cette vieille femme au marché. d) Pour cuire ces aliments, il faut une flamme bien vive. e) Marianne est malade, elle a une toux sèche. f) J'ai mis ma veste blanche. g) Elle a subi une épreuve cruelle.

Leçon 39 (page 42)

❶ Ces hommes sont courageux. / Tes meubles sont bancals. / Il a les yeux bleus. / Ces textes sont assez confus. / Ces plats sont mauvais. / Les enfants sont grands. / Ces filles sont tristes. / J'ai six nouveaux jeux. / Ils sont assez beaux. / Mes chats sont gris.
❷ a) ronds ; b) gauches ; c) négligés ; d) adroits ; e) usés ; f) ravissants ; g) détendus ; h) amers ; i) amusants.
❸ a) malheureuses ; b) belles ; c) heureuses ; d) grosses ; e) grasses ; f) concises ; g) anglaises ; h) bleues ; i) fatales.
❹ a) Voici des chambres bien accueillantes. b) Je les ai trouvés bien envieux de ton succès. c) Ils ont mis leurs costumes gris. d) Les couleurs de sa robe sont bien vives. e) Mes copains ont dessiné des combats navals. f) Ton petit frère a des yeux malicieux. g) Ces décors de cinéma sont vraiment monumentaux.

Leçon 40 (page 43)

❶ <u>De gros nuages gris</u> envahissent le ciel. <mark>La météo est</mark> mauvaise. <mark>Camille</mark> <u>prend</u> son imperméable. <mark>Elle</mark> n'<u>oublie</u> pas ses bottes de pluie. <mark>Maman</mark> <u>emporte</u> son parapluie.
❷ Mes amis aiment se déguiser. Pour le Carnaval, nous préparons des grosses têtes. De gros chars traversent la ville. Tous les ans, chaque association qui participe au défilé décore son propre char.
❸ Demain, ils iront en sortie avec l'école. / Nous sommes très contents. / Elle a préparé un pique-nique. / Elle emportera son sac à dos. / Il a recommandé d'emporter une grande bouteille d'eau.
❹ a) Ces fleurs / elles embaument le jardin. b) La pluie / elle tombe sans arrêt. c) Les petits escargots / ils sortent de leur coquille. d) Une belle saison / elle arrive bientôt.

Leçon 41 (page 44)

❶ a) les chiens ; b) des garçons ; c) des lampes ; d) les chouettes ; e) des salades ; f) des sentiers ; g) les maisons ; h) des tasses.
❷ a) une fleur ; b) un radis ; c) un gaz ; d) le chat ; e) la perdrix ; f) une fourmi ; g) le loup ; h) une souris.
❸ a) Les neveux de mon frère sont de charmants garçons. b) Pierre fait une collection de noyaux et de photos de chevaux. c) Les enfants d'aujourd'hui jouent sur des tablettes numériques. d) L'oxygène et l'azote sont des gaz présents dans l'air. e) Les filles se sont coupé les cheveux au carré.
❹ a) Mes neveux sont en CE2. b) Les pompiers ont des tuyaux. c) Tu as le droit à des vœux. d) Mes voisins ont des bateaux. e) Ils ont peur des souris. f) Ces croix sont en bois.

Leçon 42 (page 45)

❶ a) les totaux ; b) des locaux ; c) des maux ; d) des canaux ; e) les littoraux ; f) des journaux ; g) des chevaux ; h) des animaux.
❷ a) Chaque année, nous nous rendons à des carnavals. b) Moi, j'aime aller danser dans des bals. c) Manon participe à des récitals. d) Au zoo, nous avons vu des chacals. e) Mon oncle a de beaux chevaux.
❸ a) signaux ; b) bocaux ; c) amiraux ; d) minéraux ; e) métaux.
❹ a) hôpitaux ; b) récitals ; c) commerciaux ; d) festivals ; e) littoraux ; f) cristaux.

Leçon 43 (page 46)

❶ **pluriel en « s »** : doudou, flou, mérou, frou-frou, garde-fou, matou, loup-garou, hindou ; **pluriel en « x »** : pou, chou, caillou, joujou.
❷ a) des trous ; b) des bambous ; c) des binious ; d) des fous ; e) des sous ; f) des écrous ; g) des voyous ; h) des toutous ; i) des papous ; j) des nounous ; k) des choux ; l) des clous.
❸ a) bisous ; b) genoux ; c) verrous ; d) hiboux ; e) casse-cous ; f) coucous.
❹ a) Son mari lui a offert des bijoux. b) Dans la forêt, nous avons entendu des hiboux. c) Tu jettes des cailloux dans l'eau. d) Les matous sont couchés près du radiateur.

Leçon 44 (page 47)

❶ a) Bientôt, j'irai à la mer. b) Jean m'a dit qu'il partirait à midi. **avait.** c) Il a vu son professeur ce matin. **avait.** d) Lou fait du vélo à deux roues.
❷ a) Ce chat a attrapé une souris. b) Cette voiture a eu un accident. c) Il joue avec sa voiture à pédales. d) J'aime les verres à pied. e) Il mange une glace à la fraise. f) Il a raison. g) Elle joue dans le bac à sable. h) Le chameau a deux bosses.
❸ a) Il y **a** un moineau **à** tête verte dans la cour. b) Martin **a** un cours de piano **à** 17 heures. c) Il **a** commencé cette année **à** apprendre **à** jouer de cet instrument. d) Julien **a** perdu ses clefs **à** la plage.
❹ Paul a fait du vélo ce matin. / J'aime les choux à la crème. / Elle a terminé son dessin. / Vous reprendrez bien de la tarte à la fraise ? / Voilà, c'est à peu près tout ce que j'ai vu. / On n'a rien dit. / Elle veut du chocolat à croquer. / Il a passé le ballon. / Elle a peur des araignées. / J'aime faire du char à voile.
❺ Cette nuit un bateau a fait naufrage. L'équipage a mis les canots de sauvetage à la mer. Il y a eu une grande panique mais presque tout le monde est monté à bord. Un passager a sauté à la mer. Il a tenté de regagner la rive à la nage. Il était à bout de force quand il a attrapé la corde que le capitaine lui a lancée.

Leçon 45 (page 48)

❶ a) Bientôt, on partira à la montagne. b) Ils m'ont dit que ce film était magnifique. **avaient.** c) On a vu un mulot dans la remise ! d) On s'est fait dévorer par les moustiques. e) Les trompettes ont sonné. **avaient.** f) Les menteurs ont tort. **avaient.**
❷ On a du plaisir à se retrouver. / Les lapins ont été surpris. / Elles ont terminé leur repas. / On décore le sapin à Noël. / Ils ont reçu un vélo tout neuf. / On n'a rien répété ! / Les loups ont une tanière. / On prend la monnaie. / Elles ont un masque. / Ils ont gagné le concours.
❸ a) On chante souvent sous la douche. b) On a entendu l'alarme incendie. c) Ils ont gagné la partie. d) Les hirondelles ont volé au-dessus de la mer. e) Elles ont réussi à revenir. f) Les enfants ont envie de jouer. g) On a fait du surf. h) Ont-ils déjà faim ? i) Elles ont de beaux vélos. j) On conduit un bolide.
❹ a) On a pris le bus pour aller à la gare. b) On adore la piscine. c) Julien et sa sœur ont eu un accident. d) On t'a appelé plusieurs fois. e) On est là pour toi. f) À mon anniversaire, mes amis m'ont préparé une fête.
❺ Les forains ont installé leurs stands sur la place du village. On a voulu faire le grand huit. Clara et Bertrand en ont fait deux fois avant d'être malades. Mes parents ont pris le train fantôme. On s'est tous perdu dans le labyrinthe, mais on n'a jamais autant ri.

CORRIGÉS

Leçon 46 (page 49)

1 a) Marie et Lucie partiront à la montagne. b) Mon cousin est plus petit que moi. **était.** c) Mon voisin et ma voisine ont eu un bébé. d) Toi et moi, nous sommes amis depuis longtemps ! e) Jean est assis au premier rang. **était.**

2 a) La glace est épaisse cette année. b) Il neige et il vente aussi ! c) Décembre est bientôt là. d) Il fête son anniversaire et il a invité ses amis. e) J'ai un pull fin et chaud.

3 Il est champion de l'école. / Il fait froid et nous espérons le printemps ! / Il a mis une fourchette et un couteau. / Le pantalon de Louis est tout troué ! / Ce bébé est très mignon.

4 a) C'est mon avis. b) Il est temps que Gaël et Lou déménagent. c) Ce musicien joue et tu l'écoutes attentivement. d) La neige tombe et une congère se forme. e) La zone tropicale est chaude et humide.

5 L'avion est parti. Le pilote est un peu soucieux : il entend des vibrations et des claquements. Il appelle la base et on lui ordonne de poursuivre sa route car tout est normal. Le ciel est bleu et aucun orage n'est annoncé. Le but de son voyage est de montrer que son engin est sans danger.

Leçon 47 (page 50)

1 a) sont ; b) sont ; c) son ; d) sont ; e) son.

2 a) Marie et Lucie sont parties faire les courses. **étaient.** b) Son cousin est plus petit que lui. c) Pierre et Jean sont voisins. **étaient.** d) Son rêve est de visiter Venise. e) Il a mis son pyjama pour la nuit. f) Quels sont ses amis ? **étaient.** g) J'ai vu son frère sortir de la maison. h) Ces roses sont déjà fanées. **étaient.** i) Lucie a mis son petit pull de laine. j) Les filles sont plus calmes que les garçons ? **étaient.**

3 Cette année ils sont champions du monde ! / Le jardinier arrose son massif de fleurs. / Son médecin lui a fait un vaccin. / Louis a mis son beau déguisement pour Carnaval. / Les vaches sont à l'étable tout l'hiver. / Ils sont affamés. / Ces bateaux sont à quai. / Max a perdu son téléphone. / Elle reçoit son journal. / Son abonnement se termine.

4 a) Ils sont arrivés au magasin et se sont précipités sur les bonbons. b) Les crêpes sont cuites et sont prêtes à être dégustées. c) Il a pris son cahier, ses ciseaux et son compas. d) Son chat ne fait que des bêtises. e) Mon ami me présente son frère et sa sœur. f) Elle garde son petit frère. g) Ces chaussures sont trouées. h) Ce sont mes jouets préférés. i) Mes cousins sont assez timides. j) Ils sont trop grands.

Leçon 48 (page 51)

1 a) une source ; b) une saison ; c) une visite ; d) la base navale ; e) la maîtresse ; f) la faiblesse ; g) un test ; h) un soldat ; i) de la mousse ; j) une chaise ; k) des chaussons.

2 a) Je me suis assis sur un coussin de soie. b) Hier soir, un serpent soufflait sous le sapin. c) Il y a de la mousse sur le bassin, l'eau est sale. d) Louise a ramassé la tasse qu'elle a cassée en glissant sur le sol. e) Nous sommes passés en tête, nos efforts ont été récompensés.

3 a) Je me suis assis sur un ~~cousin~~ / **coussin**. b) Ton **cousin** / ~~coussin~~ s'appelle Thomas. c) J'ai offert un bouquet de **roses** / ~~rosses~~ à ma mère. d) Ces vieilles mules sont de vraies ~~roses~~ / **rosses**. e) J'adore le **poisson** / ~~poison~~ pané. f) On a mis du ~~poisson~~ / **poison** dans le verre du roi ! g) Nous avons salué Monsieur Lenoir en le ~~croissant~~ / **croisant**. h) Ce matin, j'ai mangé un **croissant** / ~~croissant~~.

4 lettre muette : un cadenas – une souris – Tu aimes regarder les étoiles. – Nous aimons beaucoup aller au cinéma ; **(s)** : chasser – J'ai glissé sur la neige. Débarrasse ton assiette après le repas ; **(z)** : il arrose – une poésie – Il était temps de prendre une pause.

Leçon 49 (page 52)

1 a) un pouce ; b) une remplaçante ; c) un coude ; d) un cadeau ; e) la chance ; f) un hameçon ; g) un maçon ; h) une course ; i) perçant ; j) une leçon.

2 a) J'ai bien récité ma leçon de sciences. b) Le maître m'a félicité. c) En France, François Iᵉʳ fut un roi célèbre. d) Cet exercice n'était pas facile. e) Elle recommençait son travail tous les matins. f) Cette porte grince beaucoup, c'est pénible ! g) Mon père a fait appel à un maçon. h) Elle a été agacée par ton attitude. i) Le chauffeur a avancé la livraison. j) Ce commerçant fait de délicieuses glaces. k) Cet été, nous commencerons le canoë. l) Tu veux des glaçons ?

3 C'est une belle race de chat. / J'ai eu une vraie déception. / Ce chien a plein de puces ! / Il a reçu un paquet. / J'aime bien les anciennes gravures. / Tu n'en connais aucune ? / J'ai vu passer la police. / Ma tante a plein de bocaux de confiture. / L'automobiliste fonça dans le fossé. / C'est décidé, j'arrête de grignoter !

4 a) une ficelle ; b) un hameçon ; c) un caleçon ; d) un reçu ; e) lancer ; f) il lança ; g) pincer ; h) nous pinçons ; i) le cuir ; j) une fiancée ; k) une compétition ; l) les garçons ; m) une menace ; n) un saucisson ; o) les leçons ; p) menaçant.

Leçon 50 (page 53)

1 a) une organisation ; b) des algues ; c) un garçon ; d) la fatigue ; e) une guêpe ; f) galoper ; g) gambader ; h) un gant ; i) des gardiens ; j) une gare.

2 a) Des gargouilles décorent l'église. b) Il y a de nombreux vitraux rouges. c) Les Gaulois habitaient la Gaule. d) Il parle deux langues : l'anglais et l'allemand. e) J'aime conjuguer les verbes. f) Le bateau tangue sur les vagues.

3 La lettre « g » se prononce (gue) : une virgule – un zigzag – voguer – un guéridon – une guenon – une agrafe – il gronde ; **la lettre « g » se prononce (je)** : un Belge – un ange – un gyrophare – une page – une plage – une girouette – un allumage – une bougie.

4 a) Il fait froid, il y a du givre sur les feuilles des arbres. b) Le berger a rentré du fourrage pour l'hiver. c) Les pirates partent à l'abordage d'un navire ennemi. d) Le maître a corrigé les fautes. e) Ma grand-mère porte une bague très ancienne. f) Il ne faut pas tirer la langue. g) La cuisinière a préparé un bouquet garni pour la soupe. h) Nous irons au collège après le CM2. i) Louise a dessiné une girafe sur son cahier. j) J'adore le jus d'orange. k) C'est une belle guitare rouge.

Leçon 51 (page 54)

1 on : un bonbon – une montre – compagnon – conter ; **om** : du plomb – complet – compagnon ; **en** : un enfant – un dentiste – lendemain ; **em** : le temps – embrasser – emporter.

2 a) emporter ; b) une tempête ; c) emmener ; d) un exemple ; e) impatient ; f) enfin.

3 a) la campagne ; b) une branche ; c) le flambeau ; d) un tambour ; e) un banc ; f) une jambe ; g) abandonner ; h) le champagne ; i) une chambre ; j) un champ.

4 a) un immeuble ; b) un dauphin ; c) cinq ; d) immerger ; e) un prince ; f) immobile ; g) inévitable ; h) imprimer ; i) impossible ; j) une épingle ; k) une timbale ; l) un timbre.

5 Au début du mois de décembre, les enfants décorent leur chambre. Le concierge a installé des guirlandes sur la façade de l'immeuble. Dès qu'il fera sombre, elles s'allumeront toutes seules ! Il a aussi accroché un Père-Noël qui grimpe sur une échelle de corde en levant la jambe. Il a installé des cadeaux emballés dans de jolis papiers. S'il fait froid, la fontaine va geler et de la neige va tomber sur la place. Mon frère a commandé une montre et un camion de pompier. Moi, j'aimerais bien un tambour ou une trompette ! Nous allons bien manger le soir du réveillon. J'adore le jambon cru et le saumon. Quand la pendule sonnera les douze coups de minuit, papa allumera une bombe qui explosera et projettera plein de bonbons. Ensuite nous chanterons « Mon beau sapin » avant d'aller nous coucher.

Leçon 52 (page 55)

❶ a) gros ; b) long ; c) bas ; d) blanc ; e) vert ; f) rond ; g) gentil ; h) droit ; i) lourd.
❷ a) un mont ; b) le tapis ; c) le bord ; d) le parfum ; e) le port ; f) le récit ; g) le chant ; h) un accroc ; i) un outil.
❸ a) le vent ; b) le profit ; c) un pot ; d) le sport ; e) le récit ; f) le fusil.
❹ a) un saut ; b) un tas ; c) un retard ; d) un cadenas ; e) un débarras ; f) un gourmand ; g) un marchand ; h) un bavard ; i) un accord ; j) lourd.
❺ Dans le marais, une perdrix s'envole. Le chasseur prend son fusil et tire un plomb. Dans le champ voisin, la jument prend peur et part au galop.

Leçon 53 (page 56)

❶ a) ailleurs ; b) beaucoup ; c) mieux ; d) autrement ; e) hors ; f) puis ; g) alors ; h) cependant ; i) près ; j) dessus ; k) jamais ; l) plusieurs ; m) après ; n) dehors ; o) trop.
❷ a) à ; b) pour ; c) sur ; d) sans ; e) plus.
❸ a) Aujourd'hui ; b) dans ; c) Malgré ; d) longtemps ; e) partout ; f) dehors.
❹ a) mais ; b) beaucoup ; c) jamais ; d) mieux ; e) partout ; f) Parfois.

Leçon 54 (page 57)

❶ a) sable ; b) côte ou plage ; c) soleil ; d) coquillage ; e) casquette.
❷ a) maternelle ; b) primaire ou élémentaire ; c) directeur ; d) bavard ; e) couloir ; f) cour.
❸ a) cuisine ; b) maison ou pièces ; c) vêtements ; d) dessin ; e) boulangerie ; f) boisson.
❹ Les noms de domaine sont : a) livre ; b) mois ; c) visage ; d) articulation ; e) couverts ; f) instrument ; g) véhicule ; h) couleur ; i) saison ; j) sport.

Leçon 55 (page 58)

❶ Sa **tante** a acheté une belle **tente** pour les vacances. Ça la **tente** de vite l'essayer ! / Il a taché le **col** de sa chemise. Il va utiliser son tube de **colle**.
❷ a) Jean a **cent** euros dans sa tirelire. b) Je suis tombé, il y a du **sang** sur mon genou. c) Heureusement c'est **sans** gravité. d) Il faut mettre un **point** à la fin des phrases. e) Marc a reçu un coup de **poing**.
❸ a) J'ai rencontré le **maire** de la ville. b) Le concierge a lavé tout le **sol** de l'entrée. c) J'aime me baigner dans la **mer** l'été. d) La **mère** de Paul s'est fait opérer hier. e) La **sole** est un poisson plat.
❹ Mon chat aime boire du lait. – Je bois dans un verre. – Ce chien est vraiment laid. – Le ver de terre est rose. – Prends ton stylo vert.
❺ Monsieur le comte habite un beau château. – Je compte sur toi pour m'aider. – Tu as bien nettoyé le sol. – La sole est un curieux poisson plat. – J'adore les contes de fées.

Leçon 56 (page 59)

❶ bateau – navire ; remède – médicament ; cruche – pichet ; cochon – porc ; heureux – content.
❷ a) J'adore faire de la **luge**. b) Martin joue avec un **ballon**. c) C'est vraiment **amusant**. d) Mon pantalon est assez **large**. e) La sorcière se regarde dans un **miroir**.

❸ a) un matelot ; b) un bouquin ; c) âgé ; d) usé ; e) savoir ; f) tranquille ; g) mince ou maigre ; h) petit ; i) bizarre ; j) grimper.
❹ a) Il **pèse** 50 kilos. b) Il **mesure** 1 m 50. c) Il **peint** un joli tableau. d) Il **exerce** un beau métier. e) Il **construit** une belle maison.

Leçon 57 (page 60)

❶ épais – fin ; froid – chaud ; gros – maigre ; agité – calme ; fermé – ouvert.
❷ a) La souris est un **petit** animal. b) C'est un paysage de **plaine**. c) Je **pleure**. d) Le climat est **humide**. e) C'est un chien **noir**.
❸ a) courageux : brave – peureux – vaillant ; b) aimable : agréable – charmant – désagréable ; c) instruit : cultivé – ignorant – expérimenté ; d) silencieux : muet – bavard – discret ; e) rapide : vif – alerte – lent.
❹ a) remplir ; b) augmenter ; c) fort ; d) jour ; e) large ; f) entrer ; g) dehors ; h) dessous ; i) descendre.
❺ a) Il est coupé en tranches **épaisses**. b) Nous sommes **contents** pour toi. c) Cet insecte a de **courtes** pattes. d) C'est un enfant très **silencieux**. e) Ce jeune chien est **calme**. f) C'est un animal très **rapide**. g) Cette branche est trop **haute**.

Leçon 58 (page 61)

❶ Les intrus sont : a) livre ; b) mâle ; c) car ; d) bordeaux ; e) poisseux ; f) louve ; g) charger ; h) voler ; i) salade ; j) nombre.
❷ a) balay- ; b) baign- ; c) dent- ; d) vol- ; e) lait- ; f) clair-.
❸ Il fait très sombre, il manque de **clarté**. / Grâce à cette lampe, on a un bon **éclairage** dans ma chambre. / Il y a de l'orage, j'ai vu un **éclair**. / Je n'y comprends rien, tu peux m'**éclairer** ? / Tu n'articules pas assez, parle plus **clairement**.
❹ a) un abricotier ; b) trotter ; c) une poignée ; d) oriental ; e) galoper ; f) sauter.
❺ Ce parfum a une note **boisée**. / Après une coupe de bois, il faut **reboiser** la montagne pour que de nouveaux arbres poussent. / Papa a repeint toutes les **boiseries** de la maison. / Il y a trop d'arbres dans cette forêt, il va falloir la **déboiser**. / C'est l'Office national des forêts qui s'occupe du **reboisement** de la France.

Leçon 59 (page 62)

❶ a) crapaud, écu, grimoire, salamandre ; b) bateau, eau, lac, vent, voile ; c) neige, nuage, orage, pluie, tempête ; d) boa, crocodile, lézard, serpent, tortue ; e) cabane, caravane, maison, tente, tipi.
❷ salsifis : 4 ; pomme : 2 ; radis : 3 ; tomate : 5 ; banane : 1.
❸ a) fée – prince – ogre – roi ; b) banane – citron – kiwi – orange ; c) abeille – cheval – fouine – gorille ; d) bermuda – chemise – pantalon – short ; e) camion – moto – vélo – voiture.
❹ musique – mer – soleil – vacances : faux ; Alpes – Cévennes – Pyrénées – Vosges : vrai ; vélo – auto – moto – train : faux ; crayon – dessin – encre – peinture : vrai ; bleu – blanc – rouge – vert : faux.
❺ a) babine – babouche – babouin – bassine ; b) racine – racler – raconter – radeau ; c) ride – rideau – ridicule – ridiculiser.

Leçon 60 (page 63)

❶ a) vrai ; b) faux ; c) faux ; d) vrai ; e) vrai ; f) faux ; g) vrai ; h) vrai.
❷ a) article ; b) nom commun ; c) nom propre ; d) adjectif ; e) adverbe ; f) préposition.
❸ a) blanchisserie, blanche ; b) chant, chantage ; c) mont, montagnard ; d) sage, sagesse ; e) épaisseur, épaissir ; f) pleur, pleurnicher ; g) rouge, rougir ; h) paix, paisible. *D'autres mots sont possibles.*

Révise tes Tables de Multiplication

Des jeux variés pour réviser ses tables en s'amusant !

Les apps hachette ÉDUCATION

Passeport

En plus des cahiers Passeport, découvrez les applications spécialement conçues pour smartphones et tablettes !

Applications disponibles :

- **Passeport de la Maternelle au CP**
  Le tour du monde d'Oscar
- **Passeport du CP au CE1**
  La créature mystérieuse
- **Passeport du CE1 au CE2**
  Le voyage extraordinaire
- **Passeport du CE2 au CM1**
  L'aventure des petits copieurs
- **Passeport du CM1 au CM2**
  Le voyage dans le temps

Leçon 30 — Le futur des verbes *pouvoir*, *partir* et *prendre*

		POUVOIR	PARTIR	PRENDRE
SINGULIER	1re personne	je pourrai	je partirai	je prendrai
	2e personne	tu pourras	tu partiras	tu prendras
	3e personne	il pourra	il partira	il prendra
PLURIEL	1re personne	nous pourrons	nous partirons	nous prendrons
	2e personne	vous pourrez	vous partirez	vous prendrez
	3e personne	ils pourront	ils partiront	ils prendront

Ex. : **Tout à l'heure, je pourrai aller chez lui. Les enfants pourront faire la grasse matinée samedi.**

Ex. : **Tu partiras chez ton oncle. Nous partirons en avion.**

Ex. : **Je prendrai une pomme pour le dessert. Ils prendront leur sac de sport.**

CONJUGAISON

Pour l'adulte

1. Attention à ne pas oublier le doublement de la lettre « r » au futur du verbe **pouvoir**.
2. Les verbes **partir** et **prendre** se conjuguent régulièrement en ajoutant au radical les terminaisons -ai, -as, -a, -ons, -ez, -ont.

1 Écris le verbe *pouvoir* au futur.

a) Martin .... bientôt faire du vélo à pédales.
b) Marine .... mettre du 33 en chaussure.
c) Ce soir, nous .... regarder ce film chez toi.
d) Vous .... nous rejoindre.
e) Tu .... le faire plus tard ?
f) Je viendrai demain, donc je .... t'aider.

2 Complète avec le bon pronom.

a) .... pourront réciter leur leçon demain matin.
b) .... pourrez nous dire où vous allez ce soir.
c) Prendras-........... la dernière part ?
d) .... prendrons une journée pour vous rendre visite.

Regarde bien les terminaisons des verbes pour trouver le bon pronom.

3 Complète avec le verbe *partir* au futur.

a) La semaine prochaine, il .... au travail à 7 h 30.
b) Ils .... en transhumance cet été.
c) Tu .... dans deux jours.
d) Virginie et moi .... chez notre oncle en vacances.
e) Vous .... lundi prochain.
f) Demain, je .... tôt pour éviter les embouteillages.

4 Conjugue le verbe *prendre* au futur.

a) Vous .... vos affaires de sport pour ce soir.
b) Tu .... ma main quand nous traverserons.
c) Mardi prochain, Jean .... sa voiture.
d) Ils .... leur livre de bibliothèque dans une semaine.
e) Nous .... notre mal en patience jusqu'au résultat !

Leçon 31 — Le futur des verbes *venir*, *voir* et *vouloir*

CONJUGAISON

		VENIR	VOIR	VOULOIR
SINGULIER	1re personne	je viendrai	je verrai	je voudrai
	2e personne	tu viendras	tu verras	tu voudras
	3e personne	il viendra	il verra	il voudra
PLURIEL	1re personne	nous viendrons	nous verrons	nous voudrons
	2e personne	vous viendrez	vous verrez	vous voudrez
	3e personne	ils viendront	ils verront	ils voudront

Ex. : Ce week-end, je viendrai chez toi. Mes amis viendront samedi.

Ex. : Tu verras cette émission. Nous verrons bien si c'est vrai !

Ex. : Je voudrai porter ma nouvelle robe. Ils voudront sortir plus vite.

Pour l'adulte
Attention à ne pas oublier le doublement de la lettre « r » au futur du verbe **voir**.
Ex. : je verrai

Les verbes **venir** et **vouloir** se conjuguent de manière régulière en ajoutant au radical les terminaisons -ai, -as, -a, -ons, -ez, -ont.

1 Conjugue le verbe *venir* au futur.

a) José .... tout à l'heure faire du vélo.
b) Les filles .... en tenue au stade.
c) Nous .... chez lui pour regarder ce film.
d) Vous .... nous rejoindre pour jouer.
e) Tu .... le plus vite possible.
f) Je .... te retrouver dans une heure.

2 Complète avec le verbe *voir* au futur.

a) Bientôt, vous .... que nous avions raison !
b) Dans un ou deux jours, tu .... l'éclosion de ces œufs de poule.
c) Prochainement, nous .... si nous pouvons venir vous rendre visite.
d) Mardi prochain, Margaux .... ses cadeaux d'anniversaire.
e) Je .... le médecin dans une semaine.

3 Coche la forme du verbe *vouloir* qui convient.

	voudrai	voudras	voudra	voudrons	voudrez	voudront
Je .... te rendre visite.						
Maman .... faire un gâteau pour toi.						
Le maître et toi .... présenter ce livre à la classe.						
Les garçons .... voir ce film !						

4 Conjugue les verbes entre parenthèses.

a) Les pompiers (venir) .... éteindre l'incendie.
b) Toi et moi (voir) .... le coucher de soleil.
c) Vous (vouloir) .... l'essayer.
d) Tu (venir) .... avec ta voiture.
e) Je (voir) .... plus tard !
f) Il (vouloir) .... ce jeu.

Leçon 32 : L'imparfait des verbes *être* et *avoir*

	AVOIR		ÊTRE	
	SINGULIER	PLURIEL	SINGULIER	PLURIEL
1re personne	j'av**ais**	nous av**ions**	j'ét**ais**	nous ét**ions**
2e personne	tu av**ais**	vous av**iez**	tu ét**ais**	vous ét**iez**
3e personne	il av**ait**	ils av**aient**	il ét**ait**	ils ét**aient**

Ex. : **Nous avions** l'habitude de venir chez toi tous les mercredis. Mes amis **avaient** presque tous 8 ans.

Ex. : Avant, tu **étais** son meilleur ami. Nous **étions** au courant !

CONJUGAISON

Pour l'adulte
Attention aux trois graphies possibles pour « étais, était, étaient » et « avais, avait, avaient ». Entraînez l'enfant à trouver le bon pronom pour trouver la terminaison du verbe qui lui correspond.
Ex. : Pierre était content.
→ Pierre = il = …ait
Les enfants avaient peur.
→ Les enfants = ils → …aient

1 Écris le verbe *avoir* et le verbe *être* à l'imparfait.

a) En débutant, elle *(avoir)* .... besoin de ton aide pour apprendre à skier.
b) Lundi dernier, tes amies *(avoir)* .... une bonne nouvelle à t'annoncer.
c) L'an passé, nous *(avoir)* .... le même maître en CE1.
d) Autrefois, vous *(être)* .... logés dans un petit appartement.
e) Quand tu *(être)* .... petit, tu portais un vieux déguisement de pirate.
f) À la fin de l'année, j' *(être)* .... malheureux de voir déménager mes amis.

2 Complète les phrases avec le bon pronom.

a) Ce matin .... étaient encore bien loin.
b) .... étiez contentes que nous restions !
c) Étais- .... là pendant les vacances ?
d) L'autre fois .... était bien étonné !
e) Hier, ... étions présents.
f) Avant .... n'avais jamais mal aux dents.

Regarde bien les terminaisons des verbes pour trouver le bon pronom.

3 Encadre les verbes conjugués à l'imparfait.

Je serai là demain. / J'étais là hier. / Tu veux bien venir maintenant ? / Tu avais raison de te couvrir ce matin. / J'ai faim ! / J'aurais tort ce soir si je n'y vais pas. / Avant, j'avais peur du noir. / Nous serons sages dès qu'il sera là. / Nous étions sages pendant toute notre enfance. / Maintenant, nous sommes contents de tes résultats. / Elles étaient dehors tous les jours. / Elles seront dedans dès que tu les y mettras.

Fais attention aux temps des verbes !

4 Conjugue à l'imparfait les verbes *avoir* et *être*.

a) avoir → Tu .... de la chance d'habitude.
b) être → Vous n' .... pas d'accord quand vous avez lu ce compte rendu !
c) avoir → Ils n' .... rien vu arriver depuis deux semaines.
d) être → Elles .... toujours de son avis depuis sa plus petite enfance.
e) avoir → J' .... mal aux dents depuis longtemps.

35

Leçon 33 — L'imparfait des verbes *aller*, *dire* et *faire*

→ **Aller** à l'imparfait : j'**allais**, tu **allais**, il **allait**, nous **allions**, vous **alliez**, ils **allaient**.
Ex. : Nous allions chez toi tous les mercredis. Mes amis allaient à la mer tous les ans.

→ **Dire** à l'imparfait : je **disais**, tu **disais**, il **disait**, nous **disions**, vous **disiez**, ils **disaient**.
Ex. : Tu disais toujours la vérité. Nous disions de belles histoires en classe.

→ **Faire** à l'imparfait : je **faisais**, tu **faisais**, il **faisait**, nous **faisions**, vous **faisiez**, ils **faisaient**.
Ex. : Elle faisait de beaux dessins. Nous faisions juste le nécessaire.

CONJUGAISON

Pour l'adulte

1. Aller, dire et faire suivent la règle classique de formation de l'imparfait :
Radical + terminaisons -ais, -ais, -ait, -ions, -iez, -aient.

2. Entraînez l'enfant à ne pas confondre les trois graphies possibles pour -ais, -ait, -aient en cherchant le sujet et à ne pas oublier le « i » pour -ions, -iez.

---

1 Écris le verbe *aller* à l'imparfait.

a) Elle .... s'aérer régulièrement à la campagne.
b) Tes amis .... bientôt sortir.
c) Nous .... le voir régulièrement.
d) Vous .... changer de voiture.
e) Tu .... prendre des leçons de tennis.
f) Hier, j'.................... prendre l'air quand tu es arrivé.

2 Écris le verbe *dire* à l'imparfait.

a) Elles .... de belles histoires.
b) Vous .... que vous étiez contentes ?
c) .... -tu la vérité ?
d) Il .... qu'on le reverrait !
e) Nous .... que c'était une histoire inventée.
f) Je .... que je suis en retard.

3 Encadre les verbes conjugués à l'imparfait.

D'habitude, je faisais mes devoirs avant de jouer. / La prochaine fois, tu feras une exception. / Il faisait un beau dessin après son travail. / Il fait nuit tous les jours à 18 h 00. / Il fera jour demain matin à 6 h 00. / L'année dernière, au salon aéronautique, les pilotes faisaient des loopings dans le ciel pour épater les spectateurs. / Elles ne font rien si on ne leur dit pas de commencer. / Nous le faisions encore la semaine dernière. / Vous ne le faisiez plus depuis longtemps. / On le fera toujours l'été prochain.

Fais attention aux temps des verbes !

4 Conjugue le verbe entre parenthèses à l'imparfait.

a) Quand tu étais petit, tu (aller) .... jouer dehors quand tu avais terminé de goûter.
b) D'ordinaire vous ne (dire) .... rien quand ça se passait.
c) Ils ne le (faire) .... plus depuis longtemps, mais ils ont recommencé.
d) Irène et Noémie (aller) .... toujours se baigner dans cette rivière avant qu'elle ne soit polluée.
e) Je (faire) .... un long trajet jusqu'à l'école avant que nous ne déménagions plus près.
f) Depuis toujours, faire du sport ne lui (dire) .... rien.
g) Vous (aller) .... au cinéma toutes les semaines avant d'être parents.

Leçon 34 : L'imparfait des verbes *pouvoir*, *partir* et *prendre*

→ **Pouvoir** à l'imparfait : je **pouvais**, tu **pouvais**, il **pouvait**, nous **pouvions**, vous **pouviez**, ils **pouvaient**.
Ex. : Nous pouvions aller chez toi tous les dimanches. Mes parents pouvaient se baigner même par grand froid.

→ **Partir** à l'imparfait : je **partais**, tu **partais**, il **partait**, nous **partions**, vous **partiez**, ils **partaient**.
Ex. : Tu partais chez ta grand-mère tous les étés. Nous partions en voyage en Italie.

→ **Prendre** à l'imparfait : je **prenais**, tu **prenais**, il **prenait**, nous **prenions**, vous **preniez**, ils **prenaient**.
Ex. : Elle prenait ses ciseaux. Nous prenions juste le nécessaire avant de partir.

CONJUGAISON

Pour l'adulte

1. Pouvoir, partir et prendre suivent la règle classique de formation de l'imparfait :
Radical + terminaisons -ais, -ais, -ait, -ions, -iez, -aient.
2. Attention, certains enfants disent « elle prendait » au lieu de « elle prenait » !
3. Entraînez l'enfant à ne pas confondre les trois graphies possibles pour -ais, -ait, -aient en cherchant le sujet et à ne pas oublier le « i » pour -ions, -iez.

1 Écris le verbe *pouvoir* à l'imparfait.

a) Elle .... sortir tous les jours.
b) Ils .... toujours le faire.
c) Nous .... lui écrire.
d) Vous .... changer de vélo.
e) Tu .... prendre tes affaires avant d'aller en sport !
f) Je .... aller à l'école à pied, avant.

2 Écris le verbe *partir* à l'imparfait.

a) Ils .... loin.
b) Vous .... au restaurant.
c) ....-tu à l'étranger ?
d) Elle .... dès la journée terminée !
e) Nous .... le plus loin possible.
f) Je .... chez mes amis en vélo.

3 Encadre les verbes conjugués à l'imparfait.

Le matin, je prenais mon cartable. / Maintenant, il prend son bain. / Tu prenais ton billet de train un mois avant le départ. / Il fera jour demain à 7 h 30. / Il prenait son plateau tous les jours à la cantine. / Ils prenaient rendez-vous à l'avance. / Elles prendront rendez-vous pour le mois prochain. / Nous en prenons encore dès à présent. / Vous n'en preniez plus car c'était mauvais pour vous. / On le fera encore si vous le souhaitez.

Fais attention aux temps des verbes !

4 Écris les verbes entre parenthèses à l'imparfait.

a) Je *(prendre)* .... ma raquette de tennis avant d'aller à mon cours.
b) Mon père *(pouvoir)* .... travailler longtemps sans s'arrêter quand il était jeune.
c) Chaque été, tu *(partir)* .... voir tes amis en Martinique.
d) Autrefois, nous *(prendre)* .... un train à vapeur pour les longs trajets.
e) Jadis, les hommes ne *(pouvoir)* .... pas vivre bien vieux sans être malades.
f) Jean et toi *(partir)* .... en voyage ensemble chaque hiver.

37

Leçon 35 : L'imparfait des verbes *venir*, *voir* et *vouloir*

CONJUGAISON

Pour l'adulte

1. Attention aux 1re et 2e personnes du pluriel du verbe **voir** à l'imparfait, qui prennent un « y » suivi d'un « i » :
Ex. : Hier nous voyions, vous voyiez.

2. Il ne faut pas confondre ces formes avec les formes du présent :
Ex. : Aujourd'hui, nous voyons, vous voyez.

→ **Venir** à l'imparfait : je **venais**, tu **venais**, il **venait**, nous **venions**, vous **veniez**, ils **venaient**.
Ex. : Nous venions du Sud de la France. Son amie venait d'Italie.

→ **Voir** à l'imparfait : je **voyais**, tu **voyais**, il **voyait**, nous **voyions**, vous **voyiez**, ils **voyaient**.
Ex. : Tu voyais bien sans lunettes. Nous voyions mal la nuit.

→ **Vouloir** à l'imparfait : je **voulais**, tu **voulais**, il **voulait**, nous **voulions**, vous **vouliez**, ils **voulaient**.
Ex. : Elle voulait revenir. Nous voulions en reprendre un peu.

1 Écris le verbe **venir** à l'imparfait.

a) Il ………………… tous les jours.
b) Les lions ………………… boire tous les soirs.
c) Nous ………………… chez lui très souvent.
d) Vous ………………… à pied avant Noël.
e) Tu ………………… sans moi avant !
f) Je ………………… ici avant de rentrer chez moi.

2 Écris le verbe **vouloir** à l'imparfait.

a) Vous ………………… des chips pour l'apéritif.
b) Je ne ………………… pas vous voir.
c) Ils ………………… rester chez moi.
d) Nous ………………… nous baigner ici.
e) Il ………………… escalader le mont Blanc.

3 Écris le verbe **voir** à l'imparfait.

a) Nous ………………… loin.
b) Vous ………………… ses amis au restaurant.
c) …………………-tu cela comme ça ?
d) Elle ………………… le bout du tunnel.
e) Ils ………………… mal la nuit.
f) Tu ………………… ton professeur de piano le jeudi.

4 Encadre les verbes conjugués à l'imparfait.

Je voulais prendre mon sac avant de partir. / Il veut faire couler un bain maintenant. / Tu voulais acheter un billet de cinéma dès mercredi dernier. / Il verra le jour bientôt. / Il voulait prendre son plateau avant la fin du service. / Ils voulaient avoir un rendez-vous rapidement. / Elles voudront sortir la semaine prochaine. / Nous en voulons encore tout de suite. / Vous n'en vouliez plus, alors je les ai jetés. / On en voudra encore si c'est possible demain.

Ne confonds pas le passé, le présent et le futur !

5 Écris les verbes entre parenthèses à l'imparfait.

Je (venir) ………………… au stade tous les mercredis. / Mon père (voir) ………………… bien sans lunettes pendant des années. / Chaque été, tu (vouloir) ………………… partir faire le tour du monde ! / Autrefois, nous (venir) ………………… en calèche dans les prés. / Autrefois les hommes qui ne (voir) ………………… pas bien étaient très handicapés. / Julie et toi (vouloir) ………………… partager la même tente en camping l'été dernier.

Leçon 36 — Le passé composé des verbes *être* et *avoir*

ÊTRE
j'ai été
tu as été
il/elle a été
nous avons été
vous avez été
ils/elles ont été

Ex. : J'ai été très content.
Pierre a été heureux.
Nous avons été sages.

AVOIR
j'ai eu
tu as eu
il/elle a eu
nous avons eu
vous avez eu
ils/elles ont eu

Ex. : J'ai eu un beau cadeau.
Julie a eu de nombreuses amies.
Vous avez eu de longs cheveux.

Le passé composé des verbes **être** et **avoir** est un temps du passé formé de l'**auxiliaire avoir au présent** et du **participe passé du verbe correspondant**.

CONJUGAISON

Pour l'adulte
Avec le verbe **être**, il faut accorder l'adjectif ou le participe passé qui suit avec le sujet du verbe.
Ex. : Les filles ont été surprises par la pluie.

1. Relie les phrases aux bonnes formes verbales.

a) Nous .... les premiers plusieurs fois. •
b) Jean et toi .... fatigués après votre grippe. •
c) J'.......... un cousin qui s'appelait Albert. •
d) Bertrand .... un pantalon trop court pour lui. •
e) Tu .... un nouveau vélo à ton anniversaire. •

• avons été
• avez été
• as eu
• ai eu
• a eu

2. Complète avec le verbe être au passé composé.

a) Nous .... heureux de vous retrouver samedi.
b) Elle et toi .... volontaires pour faire l'exposé.
c) Il .... à l'heure tous les jours.
d) J'............................ rapidement guéri après cette angine.
e) Tu .... ravi de voir le maire.
f) Ils .... étonnés de le retrouver si vite.

3. Entoure les verbes conjugués et coche les bonnes cases.

	être	avoir
Il a été très courageux.		
J'ai eu 9 ans il y a trois jours.		
Tu as été étonné de le voir là.		
J'ai été soigné par le Docteur Pilule.		
Ils ont eu beaucoup de chance.		

4. Complète avec le verbe avoir au passé composé.

a) Tu .... une belle récompense.
b) Ses camarades .... mal à la tête.
c) J' .... peur de le perdre.
d) Sami n' .... pas .... de mal à finir son travail.
e) Marie et toi .... un accident de voiture !
f) Nous .... de nombreux cadeaux à Noël.
g) Elles .... ce qu'elles voulaient.

39

Leçon 37 — L'accord dans le groupe nominal : déterminant + nom + adjectif

ORTHOGRAPHE

Pour l'adulte
Entraînez l'enfant à accorder les adjectifs en lui proposant tous les jours deux ou trois expressions à bien accorder. Il faudra qu'il vous donne à chaque fois le genre et le nombre du nom principal et qu'il justifie ses accords.

	groupe nominal masculin	groupe nominal féminin
singulier	le petit chien	une petite chienne
pluriel	les petits chiens	des petites chiennes

Dans le groupe nominal, le **déterminant et l'adjectif qualificatif** s'accordent en **genre** (masculin ou féminin) et en **nombre** (singulier ou pluriel) avec le nom qu'ils accompagnent.

1 Complète avec un déterminant singulier ou un déterminant pluriel parmi les suivants : le – la – les – un – une – des.

a) chats : ...., ...
b) chat : ...., ...
c) maison : ...., ...
d) fleurs : ...., ...
e) amies : ...., ...
f) garçons : ...., ...

Fais attention, il y a plusieurs possibilités !

2 Souligne les noms et complète les adjectifs qualificatifs.

a) J'ai vu une toute petit.......... chienne.
b) J'aime les sentiers étroit.......... .
c) J'ai vu une souris gris.......... .
d) Il y a des animaux sauvage.......... dans la jungle.
e) Il y a de vieille.......... tables dans cette école.
f) Gribouille est une chatte noir.......... .
g) Nous sommes entourés de haut.......... tours.
h) C'est une gentil.......... petit.......... fille.
i) Une fort.......... tempête a dévasté la région.
j) Les vieille.......... femmes marchaient doucement.

3 Mets les groupes nominaux suivants au pluriel.

singulier	pluriel
un petit lapin	....
une jolie chèvre	....
un beau papillon	....
le grand frère	....
une belle maison	....

Le déterminant et l'adjectif « copient » le nom.

4 Accorde correctement les adjectifs dans le texte suivant.

La saison chaud.......... dure depuis quelques mois. Des vents violent.......... et brûlant.......... soufflent sur la plaine.
Les rare.......... accalmies permettent aux pauvre.......... animaux de se diriger près des mares asséché.......... .
Les bêtes squelettique.......... s'effondrent une à une. Puis, soudain, une pluie torrentiel.......... arrive.
Les animaux assoiffé.......... peuvent se désaltérer.

Leçon 38 — Le féminin des adjectifs

ORTHOGRAPHE

Pour l'adulte
Si l'enfant hésite pour écrire un adjectif au féminin, conseillez-lui de chercher l'adjectif masculin dans le dictionnaire. Il trouvera, à côté, la forme féminine exacte.

En général, on ajoute un « e » à la fin de l'adjectif masculin pour passer au féminin.
Ex. : petit → petite

Quand l'adjectif se termine par un « e » au masculin, il ne change pas au féminin.	Les adjectifs qui se terminent par -eux ou -eur se transforment en -euse ou -rice.	Les adjectifs qui se terminent par -er se transforment en -ère.	Certains adjectifs doublent la consonne finale au féminin.	Certains adjectifs se transforment complètement au féminin.
sage → sage	creux → creuse créateur → créatrice	fier → fière	gras → grasse	beau → belle roux → rousse

1. Coche la bonne case pour compléter l'adjectif au féminin.

	-euse	-rice
courageux → courag.....		
calculateur → calculat.....		
correcteur → correct.....		
directeur → direct.....		

	-euse	-rice
trompeur → tromp.....		
médiateur → médiat.....		
boudeur → boud.....		
charmeur → charm.....		

2. Écris les adjectifs au féminin singulier.

a) gai → ....
b) parfait → ....
c) ravissant → ....
d) tendu → ....
e) mauvais → ....
f) peureux → ....

3. Écris les adjectifs au masculin singulier.

a) blonde → ....
b) chaleureuse → ....
c) ambitieuse → ....
d) familière → ....
e) claire → ....
f) élégante → ....

4. Complète les phrases en accordant l'adjectif entre parenthèses.

a) Il fait une température bien *(frais)* ....
b) C'est une fleur *(automnal)* ....
c) J'ai rencontré cette *(vieux)* .... femme au marché.
d) Pour cuire ces aliments, il faut une flamme bien *(vif)* ....
e) Marianne est malade, elle a une toux *(sec)* ....
f) J'ai mis ma veste *(blanc)* ....
g) Elle a subi une épreuve *(cruel)* ....

Fais attention aux terminaisons.

Leçon 39 — Le pluriel des adjectifs

ORTHOGRAPHE

Pour l'adulte
Attention ! Les adjectifs **bancal, fatal, final, naval** font leur pluriel en **-s** ainsi que l'adjectif **bleu**.
Ex. : des sièges bancals, des jours fatals, des points finals, des combats navals, des ciels bleus.

En général on ajoute un « s » à la fin de l'adjectif pour passer du singulier au pluriel.
Ex. : un enfant sage → des enfants sages

Lorsque l'adjectif se termine par « s » ou « x » au singulier, il ne change pas au pluriel.	Lorsque l'adjectif se termine par -eau, il prend un « x » au pluriel.	Lorsque l'adjectif se termine par -al il se transforme en -aux au pluriel.
un homme vieux → des hommes vieux	un beau garçon → des beaux garçons	un sourire amical → des sourires amicaux

1. Coche la bonne colonne pour compléter l'adjectif au pluriel.

	s	x	–
Ces hommes sont courageu……			
Tes meubles sont bancal……			
Il a les yeux bleu……			
Ces textes sont assez confus……			
Ces plats sont mauvais……			

	s	x	–
Les enfants sont grand……			
Ces filles sont triste……			
J'ai six nouveau…… jeux.			
Ils sont assez beau……			
Mes chats sont gris……			

2. Écris les adjectifs au pluriel.

a) rond → ....
b) gauche → ....
c) négligé → ....
d) adroit → ....
e) usé → ....
f) ravissant → ....
g) détendu → ....
h) amer → ....
i) amusant → ....

3. Écris les adjectifs au féminin pluriel.

a) malheureux → ....
b) beau → ....
c) heureux → ....
d) gros → ....
e) gras → ....
f) concis → ....
g) anglais → ....
h) bleu → ....
i) fatal → ....

4. Complète les phrases en accordant l'adjectif entre parenthèses.

a) Voici des chambres bien *(accueillante)* ....
b) Je les ai trouvés bien *(envieux)* .... de ton succès.
c) Ils ont mis leurs costumes *(gris)* ....
d) Les couleurs de sa robe sont bien *(vive)* ....
e) Mes copains ont dessiné des combats *(naval)* ....
f) Ton petit frère a des yeux *(malicieux)* ....
g) Ces décors de cinéma sont vraiment *(monumental)* ....

Fais attention aux cas particuliers.

Leçon 40 : L'accord sujet/verbe

ORTHOGRAPHE

Pour l'adulte
Les erreurs d'accords entre le sujet et le verbe proviennent souvent d'une mauvaise identification du sujet. Pour aider l'enfant, entraînez-le à suivre cet exemple pour identifier le sujet et conjuguer correctement le verbe :
Ex. : Les choristes chantent.
→ Qui est-ce qui chante ? les choristes = ils
→ chantent

➜ **Le verbe s'accorde toujours avec son sujet.** Pour trouver le sujet, il faut poser la question « **Qui joue ?** » ou « **Qu'est-ce qui joue ?** » juste devant le verbe.
Ex. : Les enfants jouent dans la cour. → **Qui** joue ?
→ **Les enfants** est le sujet du verbe « jouent ».

➜ En remplaçant le sujet par un **pronom personnel**, on sait comment conjuguer correctement le verbe.
les enfants = ils (3ᵉ personne du pluriel) → le verbe se conjugue à la 3ᵉ personne du pluriel → **jouent**

➜ Un verbe peut avoir **plusieurs sujets**. Dans ce cas, il sera conjugué **au pluriel**.
Ex. : Agnès et Marie travaillent dans la classe.
→ **Agnès et Marie = elles** (3ᵉ personne du pluriel)
→ le verbe se conjugue à la 3ᵉ personne du pluriel → **travaillent**

1 Encadre les groupes sujets et souligne les verbes.

De gros nuages gris envahissent le ciel. La météo est mauvaise. Camille prend son imperméable. Elle n'oublie pas ses bottes de pluie. Maman emporte son parapluie.

2 Accorde correctement le verbe au présent.

Mes amis *(aimer)* .... se déguiser. Pour le Carnaval,
nous *(préparer)* .... des grosses têtes.
De gros chars *(traverser)* .... la ville. Tous les ans,
chaque association qui *(participer)* .... au défilé,
(décorer) .... son propre char.

3 Remplace le groupe sujet souligné par un pronom qui convient.

Ex. : Samuel et toi vous êtes amis.

Demain, les enfants .... iront en sortie avec l'école. / Jean et moi .... sommes très contents. / Leur maman .... a préparé un pique-nique. / Julie .... emportera son sac à dos. / Le maître .... a recommandé d'emporter une grande bouteille d'eau.

4 Remplace le sujet par le pronom qui convient et conjugue le verbe entre parenthèses au présent.

a) Ces fleurs *(elle/elles)* .... le jardin. *(embaumer)*
b) La pluie *(elle/elles)* .... sans arrêt. *(tomber)*
c) Les petits escargots *(il/ils)* .... de leur coquille. *(sortir)*
d) Une belle saison *(il/elle)* .... bientôt. *(arriver)*

Fais bien attention au sujet !

Attention à la terminaison des verbes.

Leçon 41 — Le pluriel des noms

ORTHOGRAPHE

Pour l'adulte
Lorsqu'on les entraîne régulièrement, les enfants prennent vite l'habitude de mettre la marque du pluriel à la fin des noms. Attirez leur attention sur les cas particuliers des noms qui prennent un « x » au pluriel. Vous pouvez également leur dire que les mots **bleu** et **pneu** sont des exceptions et prennent un « s » au pluriel.

En général, pour marquer le pluriel d'un nom singulier, on ajoute un « s » à la fin de ce nom.	Les noms qui se terminent par la lettre « u » au singulier prennent en général un « x » au pluriel.	Les noms qui sont déjà terminés par « s », « x » ou « z » au singulier, ne changent pas au pluriel.
une glace → des glaces un chien → des chiens	un jeu → des jeux un oiseau → des oiseaux	une brebis → des brebis un nez → des nez une croix → des croix

1 Écris les noms suivants au pluriel.

a) le chien → ....
b) un garçon → ....
c) une lampe → ....
d) la chouette → ....
e) une salade → ....
f) un sentier → ....
g) la maison → ....
h) une tasse → ....

2 Écris les noms suivants au singulier.

a) des fleurs → ....
b) des radis → ....
c) des gaz → ....
d) les chats → ....
e) les perdrix → ....
f) des fourmis → ....
g) les loups → ....
h) des souris → ....

3 Accorde les noms entre parenthèses en les écrivant au pluriel.

a) Les (neveu) .... de mon frère sont de charmants (garçon) ....
b) Pierre fait une collection de (noyau) .... et de (photo) .... de (cheval) ....
c) Les (enfant) .... d'aujourd'hui jouent sur des (tablette) .... numériques.
d) L'oxygène et l'azote sont des (gaz) .... présents dans l'air.
e) Les (fille) .... se sont coupé les (cheveu) .... au carré.

4 Réécris les phrases en mettant les noms soulignés au pluriel.

a) Mon neveu est en CE2. → ....
b) Les pompiers ont un tuyau. → ....
c) Tu as le droit à un vœu. → ....
d) Mes voisins ont un bateau. → ....
e) Ils ont peur de la souris. → ....
f) Cette croix est en bois. → ....

Pense à faire tous les changements nécessaires !

Leçon 42 — Le pluriel des noms en -al

En général, les noms qui se terminent par « al » font leur pluriel en « aux ».	Attention, les mots suivants sont des exceptions et prennent un « s » au pluriel : un **bal**, un **carnaval**, un **chacal**, un **festival**, un **récital**, un **régal**, un **cal**.
un cheval → des chevaux le journal → les journaux le bocal → les bocaux	un bal → des bals un festival → des festivals un carnaval → des carnavals

ORTHOGRAPHE

Pour l'adulte
Les enfants se trompent souvent sur les exceptions qui font leur pluriel en -al. Faites-leur bien mémoriser les exceptions les plus courantes : **bal, festival, chacal, carnaval**…

1 Écris les noms suivants au pluriel.

a) le total → ....
b) un local → ....
c) un mal → ....
d) un canal → ....
e) le littoral → ....
f) un journal → ....
g) un cheval → ....
h) un animal → ....

2 Réécris les phrases en mettant les noms soulignés au pluriel.

a) Chaque année, nous nous rendons à un carnaval. → ....
b) Moi, j'aime aller danser dans un bal. → ....
c) Manon participe à un récital. → ....
d) Au zoo, nous avons vu un chacal. → ....
e) Mon oncle a un beau cheval. → ....

3 Écris les noms entre parenthèses au pluriel.

a) Les marins font des (signal) .... avec leurs drapeaux.
b) Maman a fait de nombreux (bocal) .... de confiture.
c) Les gros bateaux de guerre sont conduits par des (amiral) ....
d) Nous avons trouvé de nombreux (minéral) .... précieux sur les marchés cet été.
e) Les (métal) .... fondent quand ils sont chauffés à haute température.

4 Écris les noms entre parenthèses au pluriel.

a) Il y a trois (hôpital) .... dans cette ville.
b) Nous avons suivi de nombreux (récital) .... cet été.
c) Les (commercial) .... de ce magasin sont très efficaces.
d) Il y a des (festival) .... pendant tout le mois de juillet.
e) Les (littoral) .... sont variés en France.
f) Il y a de beaux (cristal) .... dans ce musée.

Fais attention aux exceptions !

45

Leçon 43 : Le pluriel des noms en *-ou*

ORTHOGRAPHE

Pour l'adulte
Faites apprendre à l'enfant les exceptions par cœur : bijou, caillou, chou, genou, hibou, joujou, pou. Il n'y a qu'ainsi qu'il ne se trompera plus sur les pluriels des noms en -ou.

Les noms qui se terminent par « ou » font leur pluriel en « s ».	**Attention**, les noms suivants sont des exceptions et prennent un « x » au pluriel : **bijou, caillou, chou, genou, hibou, joujou, pou**.
un bisou → des bisou**s** un clou → des clou**s**	un bijou → des bijou**x** un hibou → des hibou**x**

❶ Classe les noms suivants dans la bonne colonne.

pou – doudou – chou – flou – mérou – frou-frou – garde-fou – matou – caillou – joujou – loup-garou – hindou

pluriel en « s »	pluriel en « x »
....	....
....	....

❷ Écris les noms suivants au pluriel.

a) un trou → ....
b) un bambou → ....
c) un biniou → ....
d) un fou → ....
e) un sou → ....
f) un écrou → ....
g) un voyou → ....
h) un toutou → ....
i) un papou → ....
j) une nounou → ....
k) un chou → ....
l) un clou → ....

❸ Complète les phrases suivantes en mettant les noms entre parenthèses au pluriel.

a) Maman fait de gros *(bisou)* .... à son petit garçon.
b) Je suis tombé et me suis fait mal aux *(genou)* ....
c) Enzo a fermé les deux *(verrou)* .... de la porte d'entrée.
d) As-tu entendu les *(hibou)* .... cette nuit ?
e) Ces garçons sont de vrais *(casse-cou)* .... !
f) Nous avons cueilli de nombreux *(coucou)* .... dans la forêt.

Fais attention aux exceptions !

❹ Réécris les phrases suivantes en mettant les noms soulignés au pluriel.

a) Son mari lui a offert un bijou. → ....
b) Dans la forêt, nous avons entendu un hibou. → ....
....
c) Tu jettes un caillou dans l'eau. → ....
d) Le matou est couché près du radiateur. → ....
....

Leçon 44 — Les homophones a / à

ORTHOGRAPHE

Pour l'adulte
L'utilisation du remplacement par « avait » est très efficace. En s'entraînant souvent, l'enfant ne se trompera plus en utilisant a ou à. Demandez-lui régulièrement de justifier sa réponse : verbe avoir ou préposition ?

→ **a** (sans accent) est le verbe **avoir** conjugué à la 3ᵉ personne du présent.
On peut le remplacer par « **avait** ».
Ex. : Pierre a terminé ses devoirs. → Pierre avait terminé ses devoirs.

→ **à** (avec accent) est une **préposition**, elle ne peut pas être remplacée par « avait ».
Ex. : Il va faire du patin à roulettes. → Il va faire du patin (avait) roulettes.

1 Complète avec a ou à et, si possible, justifie en écrivant « avait » à la fin de la phrase.

a) Bientôt, j'irai ..... la mer.
b) Jean m' ..... dit qu'il partirait ..... midi.
c) Il ..... vu son professeur ce matin.
d) Lou fait du vélo ..... deux roues.

2 Relie à et a aux bonnes phrases.

a) Ce chat ..... attrapé une souris.
b) Cette voiture ..... eu un accident.
c) Il joue avec sa voiture ..... pédales.
d) J'aime les verres ..... pied.

• a
• à

e) Il mange une glace ..... la fraise.
f) Il ..... raison.
g) Elle joue dans le bac ..... sable.
h) Le chameau ..... deux bosses.

• a
• à

3 Entoure la bonne écriture de « a ».

a = avait
à ≠ avait

a) Il y a / à un moineau a / à tête verte dans la cour.
b) Martin a / à un cours de piano a / à 17 heures.
c) Il a / à commencé cette année a / à apprendre a / à jouer de cet instrument.
d) Julien a / à perdu ses clefs a / à la plage.

4 Choisis la bonne réponse en cochant la bonne case.

	a	à
Paul ..... fait du vélo ce matin.		
J'aime les choux ..... la crème.		
Elle ..... terminé son dessin.		
Vous reprendrez bien de la tarte ..... la fraise ?		
Voilà, c'est ..... peu près tout ce que j'ai vu.		

	a	à
On n' ..... rien dit.		
Elle veut du chocolat ..... croquer.		
Il ..... passé le ballon.		
Elle ..... peur des araignées.		
J'aime faire du char ..... voile.		

5 Complète avec a ou à.

Cette nuit un bateau ..... fait naufrage. L'équipage ..... mis les canots de sauvetage ..... la mer. Il y ..... eu une grande panique mais presque tout le monde est monté ..... bord. Un passager ..... sauté ..... la mer. Il ..... tenté de regagner la rive ..... la nage. Il était ..... bout de force quand il ..... attrapé la corde que le capitaine lui ..... lancée.

Leçon 45 — Les homophones *ont* / *on*

ORTHOGRAPHE

Pour l'adulte
L'utilisation du remplacement par « avaient » est très efficace. C'est par un entraînement régulier que l'enfant ne se trompera plus en utilisant **on** ou **ont**. Revenez-y régulièrement en lui demandant de justifier chaque fois sa réponse : verbe avoir ou pronom personnel ?

→ **ont** (avec un « t » à la fin) est le verbe **avoir** conjugué à la 3ᵉ personne du pluriel du présent. On peut le remplacer par « avaient ».
Ex. : Ils **ont** terminé leurs devoirs. → Ils **avaient** terminé leurs devoirs.

→ **on** (sans « t » à la fin) est un **pronom personnel**. Il ne peut pas être remplacé par « avaient », mais peut être remplacé par le pronom « il ».
Ex. : **On** est bien content. → **Il** est bien content.

1 Complète avec **on** ou **ont** et justifie en écrivant « avaient » à la fin de la phrase.

a) Bientôt, ... partira à la montagne.
b) Ils m' .... dit que ce film était magnifique.
c) .... a vu un mulot dans la remise !
d) .... s'est fait dévorer par les moustiques.
e) Les trompettes .... sonné.
f) Les menteurs .... tort.

2 Choisis la bonne réponse en cochant la bonne case.

	on	ont
..... a du plaisir à se retrouver.		
Les lapins ..... été surpris.		
Elles ..... terminé leur repas.		
..... décore le sapin à Noël.		
Ils ..... reçu un vélo tout neuf.		

	on	ont
..... n'a rien répété !		
Les loups ..... une tanière.		
..... prend la monnaie.		
Elles ..... un masque.		
Ils ..... gagné le concours.		

3 Relie **ont** et **on** aux bonnes phrases.

a) ..... chante souvent sous la douche. •
b) ..... a entendu l'alarme incendie. •
c) Ils ..... gagné la partie. •
d) Les hirondelles ..... volé au-dessus de la mer. •
e) Elles ..... réussi à revenir. •

• ont
• on

f) Les enfants ..... envie de jouer. •
g) ..... a fait du surf. •
h) ..... -ils déjà faim ? •
i) Elles ..... de beaux vélos. •
j) ..... conduit un bolide. •

• ont
• on

4 Complète les phrases avec **on** ou **ont**.

a) .... a pris le bus pour aller à la gare.
b) .... adore la piscine.
c) Julien et sa sœur .... eu un accident.
d) .... t'a appelé plusieurs fois.
e) .... est là pour toi.
f) À mon anniversaire, mes amis m' .... préparé une fête.

5 Complète avec **on** ou **ont**.

Les forains .... installé leurs stands sur la place du village. .... a voulu faire le grand huit. Clara et Bertrand en .... fait deux fois avant d'être malades. Mes parents .... pris le train fantôme. .... s'est tous perdu dans le labyrinthe, mais .... n'a jamais autant ri.

Leçon 46 — Les homophones *est / et*

ORTHOGRAPHE

Pour l'adulte
L'utilisation du remplacement par « était » est très efficace. Les premiers temps, demandez à l'enfant de faire ce remplacement pour que cela devienne un automatisme.

→ **est** est le verbe **être** conjugué à la 3e personne du singulier au présent. On peut le remplacer par « était ».
Ex. : Il **est** heureux de te retrouver. → Il **était** heureux de te retrouver.

→ **et** est une **conjonction de coordination**. Elle ne peut pas être remplacée par « était ». On peut la remplacer par l'expression « et puis ». Elle sert à relier deux termes identiques : rouge **et** blanc ; fermer **et** sortir...
Ex. : Elle a mis ses barrettes **et** son chouchou.
→ Elle a mis ses barrettes **et puis** son chouchou.

1 Complète avec **et** ou **est** et justifie en écrivant « était » à la fin de la phrase.

a) Marie .... Lucie partiront à la montagne.
b) Mon cousin .... plus petit que moi.
c) Mon voisin .... ma voisine ont eu un bébé.
d) Toi .... moi, nous sommes amis depuis longtemps !
e) Jean .... assis au premier rang.

est = était
et = et puis

2 Relie les phrases à la bonne écriture : **est** ou **et**.

a) La glace ..... épaisse cette année. •
b) Il neige ..... il vente aussi ! •
c) Décembre ..... bientôt là. •   • est
d) Il fête son anniversaire .....
   il a invité ses amis. •   • et
e) J'ai un pull fin ..... chaud. •

3 Faut-il mettre **et** ou **est** ? Coche la bonne case.

	et	est
Il ..... champion de l'école.		
Il fait froid ..... nous espérons le printemps !		
Il a mis une fourchette ..... un couteau.		
Le pantalon de Louis ..... tout troué !		
Ce bébé ..... très mignon.		

4 Complète les phrases suivantes avec **et** ou **est**.

a) C' .... mon avis.
b) Il .... temps que Gaël .... Lou déménagent.
c) Ce musicien joue .... tu l'écoutes attentivement.
d) La neige tombe .... une congère se forme.
e) La zone tropicale .... chaude .... humide.

5 Complète avec **et** ou **est**.

L'avion .... parti. Le pilote .... un peu soucieux : il entend des vibrations .... des claquements. Il appelle la base .... on lui ordonne de poursuivre sa route car tout .... normal. Le ciel .... bleu .... aucun orage n' .... annoncé. Le but de son voyage .... de montrer que son engin .... sans danger.

49

Leçon 47 — Les homophones *sont* / *son*

ORTHOGRAPHE

Pour l'adulte
L'utilisation du remplacement par « étaient » est très efficace. Les premiers temps, demandez à l'enfant de faire ce remplacement pour que cela devienne un automatisme.

➜ **sont** (avec un « t » à la fin) est le verbe **être** conjugué à la 3ᵉ personne du pluriel au présent. On peut le remplacer par « **étaient** ».
Ex. : Ils **sont** heureux de jouer ensemble. → Ils **étaient** heureux de jouer ensemble.

➜ **son** (sans « t » à la fin) est un **déterminant possessif**. Il peut être remplacé par le déterminant « mon ». Il sert à dire à qui appartient la chose dont on parle.
Ex. : Léa a mis **son** bonnet rouge. → Léa a mis **mon** bonnet rouge.

1 Relie *sont* et *son* aux bonnes phrases.

a) Ils .... sortis.
b) Ces bananes .... bien mûres.
c) Agnès aime .... chat.
d) Les journées .... fraîches en ce moment.
e) Elle a mis .... gilet en laine.

• sont
• son

> sont = étaient
> son = mon

2 Complète avec *sont* ou *son* et justifie en écrivant « étaient » à la fin de la phrase.

a) Marie et Lucie .... parties faire les courses.
b) .... cousin est plus petit que lui.
c) Pierre et Jean .... voisins.
d) .... rêve est de visiter Venise.
e) Il a mis .... pyjama pour la nuit.
f) Quels .... ses amis ?
g) J'ai vu .... frère sortir de la maison.
h) Ces roses .... déjà fanées.
i) Lucie a mis .... petit pull de laine.
j) Les filles .... plus calmes que les garçons ?

3 Faut-il mettre *son* ou *sont* ? Coche la bonne case.

	son	sont
Cette année ils ..... champions du monde !		
Le jardinier arrose ..... massif de fleurs.		
..... médecin lui a fait un vaccin.		
Louis a mis ..... beau déguisement pour Carnaval.		
Les vaches ..... à l'étable tout l'hiver.		

	son	sont
Ils ..... affamés.		
Ces bateaux ..... à quai.		
Max a perdu ..... téléphone.		
Elle reçoit ..... journal.		
..... abonnement se termine.		

4 Complète les phrases suivantes avec *son* ou *sont*.

a) Ils .... arrivés au magasin et se .... précipités sur les bonbons.
b) Les crêpes .... cuites et .... prêtes à être dégustées.
c) Il a pris .... cahier, ses ciseaux et .... compas.
d) .... chat ne fait que des bêtises.
e) Mon ami me présente .... frère et sa sœur.
f) Elle garde .... petit frère.
g) Ces chaussures .... trouées.
h) Ce .... mes jouets préférés.
i) Mes cousins .... assez timides.
j) Ils .... trop grands.

Leçon 48 : s ou ss ?

ORTHOGRAPHE

Pour l'adulte
Lorsqu'elle indique la marque du pluriel en fin de mot, la lettre « **s** » est **muette**.
Il faut faire attention à ce que les enfants n'oublient pas ce « **s** » à la fin des mots pluriels.
Ex. : les salade**s**, les singe**s**

s = son (s)	s = son (z)	ss = son (s)
Pour écrire le son (s), on utilise souvent la lettre « s ».	La lettre « s » se prononce (z) entre deux voyelles.	Pour obtenir le son (s) entre deux voyelles, on écrit « ss ».
une **s**ouris de la gymna**s**tique	du poi**s**on un cou**s**in	du poi**ss**on un cou**ss**in

❶ Complète les mots avec s ou ss.

a) une …….ource
b) une ……. ai…….on
c) une vi…….ite
d) la ba…….e navale
e) la maître…….e
f) la faible…….e
g) un te…….t
h) un …….oldat
i) de la mou…….e
j) une chai…….e
k) des chau…….ons

❷ Complète avec s ou ss.

a) Je me …….uis a…….is …….ur un cou…….in de …….oie.
b) Hier …….oir, un …….erpent …….oufflait …….ous le …….apin.
c) Il y a de la mou…….e sur le ba…….in, l'eau est …….ale.
d) Loui…….e a rama…….é la ta…….e qu'elle a ca…….ée en gli…….ant sur le …….ol.
e) Nous …….ommes pa…….és en tête, nos efforts ont été récompen…….és.

Attention !
Il y a quelques exceptions où « s » se prononce (s) entre 2 voyelles : parasol, entresol, tournesol, contresens, vraisemblablement...

❸ Entoure le bon mot et barre celui qui ne convient pas.

a) Je me suis assis sur un cousin / coussin.
b) Ton cousin / coussin s'appelle Thomas.
c) J'ai offert un bouquet de roses / rosses à ma mère.
d) Ces vieilles mules sont de vraies roses / rosses.
e) J'adore le poisson / poison pané.
f) On a mis du poisson / poison dans le verre du roi !
g) Nous avons salué Monsieur Lenoir en le croissant / croisant.
h) Ce matin, j'ai mangé un croissant / croisant.

❹ Coche la bonne case selon que la lettre « s » en gras est muette (–) ou qu'elle se prononce (s) ou (z) :

	–	(s)	(z)
cha**ss**er			
un cadena**s**			
il arro**s**e			
une poé**s**ie			
une souri**s**			

	–	(s)	(z)
J'ai gli**ss**é sur la neige.			
Il est temps de prendre une pau**s**e.			
Tu aimes regarder les étoile**s**.			
Nous aimon**s** beaucoup aller au cinéma.			
Débarra**ss**e ton a**ss**iette après le repas.			

51

Leçon 49 : c ou ç ?

ORTHOGRAPHE

Pour l'adulte
Les enfants oublient souvent de mettre la cédille devant les lettres « o », « a » et « u ». Proposez-leur d'épeler quelques mots utilisant la cédille pour les entraîner à faire attention : maçon, reçu, hameçon.

devant les lettres « e » et « i »	devant les lettres « a », « o », « u »
La lettre « c » se prononce (s) devant « e » et « i ».	Pour entendre le son (s) devant « a », « o » et « u », il faut mettre **une cédille** à la lettre « c ». Sinon, elle se prononce (k).
la poli**c**e – une gla**c**e **ici** – un **c**itoyen	un gar**ç**on – aga**ç**ant – un aper**ç**u

1 Complète les mots avec c ou ç.

Devant a, o, u, la lettre c se prononce (k).

a) un pou…….e
b) une rempla…….ante
c) un …….oude
d) un …….adeau
e) la chan…….e
f) un hame…….on
g) un ma…….on
h) une …….ourse
i) per…….ant
j) une le…….on

2 Complète avec c ou ç.

a) J'ai bien ré…….ité ma le…….on de scien…….es.
b) Le maître m'a féli…….ité.
c) En Fran…….e, Fran…….ois Ier fut un roi …….élèbre.
d) Cet exer…….i…….e n'était pas fa…….ile.
e) Elle re…….ommen…….ait son travail tous les matins.
f) …….ette porte grin…….e beau…….oup, …….'est pénible !
g) Mon père a fait appel à un ma…….on.
h) Elle a été aga…….ée par ton attitude.
i) Le chauffeur a avan…….é la livraison.
j) Ce …….ommer…….ant fait de déli…….ieuses gla…….es.
k) Cet été, nous …….ommen…….erons le …….anoë.
l) Tu veux des gla…….ons ?

3 Coche la bonne case.

	c	ç
C'est une belle ra…….e de chat.		
J'ai eu une vraie dé…….eption.		
Ce chien a plein de pu…….es !		
Il a re…….u un paquet.		
J'aime bien les an…….iennes gravures.		

	c	ç
Tu n'en connais au…….une ?		
J'ai vu passer la poli…….e.		
Ma tante a fait plein de bo…….aux de confiture.		
L'automobiliste fon…….a dans le fossé.		
C'est dé…….idé, j'arrête de grignoter !		

4 Ajoute les cédilles qui manquent.

a) une ficelle
b) un hamecon
c) un calecon
d) un recu
e) lancer
f) il lanca
g) pincer
h) nous pincons
i) le cuir
j) une fiancée
k) une compétition
l) les garcons
m) une menace
n) un saucisson
o) les lecons
p) menacant

Leçon 50 — g, gu ou ge ?

g = (gue)	g = (je)	gu = (gue)
La lettre « g » se prononce (gue) devant « a », « o », « u ».	La lettre « g » se prononce (je) devant « e », « i », « y ».	Devant les lettres « e », « i » et « y », il faut ajouter un « u » pour faire (gue).
un garçon le goût la figure	du rouge une bougie la gymnastique	une guitare une figue Guy est mon ami.

ORTHOGRAPHE

Pour l'adulte

Les enfants oublient souvent le « e » dans la conjugaison des verbes en -ger à la 1re personne du pluriel.
Ex. : nous plongeons, nous nageons, etc.

Attirez leur attention sur cette difficulté et demandez-leur de conjuguer et d'épeler quelques verbes en -ger (avantager, bouger, longer, diriger, alléger, patauger…).

1 Entoure les lettres qui produisent le son (gue).

a) une organisation
b) des algues
c) un garçon
d) la fatigue
e) une guêpe
f) galoper
g) gambader
h) un gant
i) des gardiens
j) une gare

Fais bien attention au son produit par la lettre « g ».

2 Complète avec g ou gu.

a) Des ......ar......ouilles décorent l'é......lise.
b) Il y a de nombreux vitraux rou......es.
c) Les ......aulois habitaient la ......aule.
d) Il parle deux lan......es : l'an......lais et l'allemand.
e) J'aime conju......er les verbes.
f) Le bateau tan......e sur les va......es.

3 Coche la bonne colonne selon que la lettre g se prononce (gue) ou (je).

	(gue)	(je)
un Belge		
un ange		
un gyrophare		
une virgule		
une page		

	(gue)	(je)
une plage		
un zigzag		
une girouette		
voguer		
un allumage		

	(gue)	(je)
un guéridon		
une guenon		
une bougie		
une agrafe		
il gronde		

4 Complète avec g, gu, ou ge.

a) Il fait froid, il y a du ......ivre sur les feuilles des arbres.
b) Le ber......r a rentré du fourra...... pour l'hiver.
c) Les pirates partent à l'aborda...... d'un navire ennemi.
d) Le maître a corri......é les fautes.
e) Ma grand-mère porte une ba......e très ancienne.
f) Il ne faut pas tirer la lan......e.
g) La cuisinière a préparé un bouquet ......arni pour la soupe.
h) Nous irons au collè...... après le CM2.
i) Louise a dessiné une ......irafe sur son cahier.
j) J'adore le jus d'oran......e.
k) C'est une belle ......itare rou......e.

Leçon 51 — m devant m, b, p

ORTHOGRAPHE

Pour l'adulte
imm se lit « i-m », pas « in ».

→ Devant les lettres « m », « b » et « p », on écrit « m » au lieu de « n ».
Ex. : un i**m**meuble, un ti**m**bre, e**m**mener, une ra**m**pe, une tro**m**pette.

→ **Attention !** bo**n**bon et bo**n**bonnière conservent la lettre « n » devant le « b ».

1. Recopie ces mots dans les colonnes correspondantes.

le temps – un enfant – un bonbon – du plomb – embrasser – un dentiste –
lendemain – emporter – une montre – complet – compagnon – conter

on	om	en	em

2. Complète les mots suivants avec en ou em.

a) ....porter
b) une t..........pête
c) ....mener
d) un ex..........ple
e) impati..........t
f) ....fin

Tu peux t'aider du dictionnaire.

3. Complète les mots suivants avec an ou am.

a) la c..........pagne
b) une br..........che
c) le fl..........beau
d) un t..........bour
e) un b..........c
f) une j..........be
g) ab..........donner
h) le ch..........pagne
i) une ch..........bre
j) un ch..........p

4. Complète les mots suivants avec in ou im.

a) un ....meuble
b) un dauph..........
c) c..........q
d) ....merger
e) un pr..........ce
f) ....mobile
g) ....évitable
h) ....primer
i) ....possible
j) une ép..........gle
k) une t..........bale
l) un t .... bre

5. Complète les mots avec en/em, an/am, on/om, in/im.

Au début du mois de déc..........bre, les ....f..........ts décorent leur ch..........bre. Le concierge a installé des guirlandes sur la façade de l'..........meuble. Dès qu'il fera s..........bre, elles s'allumeront toutes seules ! Il a aussi accroché un Père-Noël qui gr..........pe sur une échelle de corde en levant la j..........be. Il a installé des cadeaux ....ballés dans de jolis papiers. S'il fait froid, la f..........taine va geler et de la neige va t..........ber sur la place. M.......... frère a c..........m..........dé une m..........tre et un cami.......... de p..........pier. Moi, j'aimerais bien un t..........bour ou une tr..........pette ! Nous allons bien m..........ger le soir du réveillon. J'adore le j..........b.......... cru et le saum.......... . Quand la p..........dule sonnera les douze coups de minuit, papa allumera une b..........be qui explosera et projettera plein de b..........b..........s. Ensuite nous ch..........terons « M.......... beau sap.......... » avant d'aller nous coucher.

Leçon 52 — La lettre finale muette d'un mot

ORTHOGRAPHE

Pour l'adulte
Quand il écrira une phrase contenant un mot ayant une finale muette, l'enfant pourra essayer de trouver un mot de la même famille ou le féminin de ce mot.
C'est un réflexe qu'il doit avoir s'il veut améliorer son orthographe.

Une lettre finale muette est **une lettre que l'on écrit mais qui ne se prononce pas.**

On peut trouver la lettre muette à la fin d'un nom ou d'un adjectif **en mettant ce nom ou cet adjectif au féminin.**	On peut également trouver la lettre muette à la fin d'un nom **en cherchant un mot de la même famille.**	On peut enfin **s'aider du verbe** correspondant au mot.
grand → grande	une dent → un dentiste	bond → bondir

1 Aide-toi du féminin de l'adjectif pour trouver sa lettre finale muette.

Ex. : forte → fort

a) grosse → gro.......
b) longue → lon.......
c) basse → ba.......
d) blanche → blan.......
e) verte → ver.......
f) ronde → ron.......
g) gentille → genti.......
h) droite → droi.......
i) lourde → lour.......

2 Trouve le nom correspondant à chaque verbe.

Ex. : galoper → le galop

a) monter → un ....
b) tapisser → le ....
c) border → le ....
d) parfumer → le ....
e) porter → le ....
f) réciter → le ....
g) chanter → le ....
h) accrocher → un ....
i) outiller → un ....

3 Aide-toi du mot qui t'est proposé pour trouver la lettre muette manquante.

a) un ventilateur → le ven.......
b) un profiteur → le profi.......
c) la poterie → un po.......
d) un sportif → le spor.......
e) la récitation → le réci.......
f) une fusillade → le fusi.......

4 Trouve la lettre finale muette des mots suivants en t'aidant du verbe ou du mot de la même famille.

a) sauter : un sau.......
b) tasser : un ta.......
c) retarder : un retar.......
d) cadenasser : un cadena.......
e) débarrasser : un débarra.......
f) une gourmandise : un gourman.......
g) une marchandise : un marchan.......
h) une bavarde : un bavar.......
i) accorder : un accor.......
j) la lourdeur : lour.......

5 Complète les mots avec la lettre muette qui convient.

Dans le marai......., une perdri....... s'envole. Le chasseur prend son fusi....... et tire un plom....... .

Dans le cham....... voisin, la jumen....... prend peur et part au galo....... .

55

Leçon 53 — Les mots invariables

ORTHOGRAPHE

Pour l'adulte
Donnez à l'enfant de courtes listes d'environ cinq mots invariables à apprendre par cœur. Une fois ces mots bien appris, passez à une nouvelle liste. Puis, revenez sur les anciennes listes pour voir si les mots n'ont pas été oubliés...

Ex. : **Bientôt** nous serons **très** nombreux sur Terre.
Autrefois nous étions **beaucoup moins**.

→ **Bientôt**, **très**, **beaucoup**, **moins** sont des mots qui s'écrivent toujours de la même façon. Ils sont **invariables**.

→ Les adverbes, les prépositions et les conjonctions sont des mots invariables. Voici **quelques mots invariables** : alors, après, aujourd'hui, avec, beaucoup, bientôt, dans, enfin, hier, ici, jamais, quand...

1 Complète la lettre muette de chaque mot invariable. Tu peux t'aider d'un dictionnaire.

a) ailleur.......   d) autremen.......   g) alor.......   j) dessu.......   m) aprè.......
b) beaucou.......   e) hor.......   h) cependan.......   k) jamai.......   n) dehor.......
c) mieu.......   f) pui.......   i) prè.......   l) plusieur.......   o) tro.......

2 Complète les phrases avec un mot invariable : **pour – sur – à – sans – plus**.

a) Demain nous irons .... la bibliothèque emprunter des livres.
b) Il a pris une écharpe .... ne pas s'enrhumer, car il fait froid.
c) Tu as posé ton sac .... ton siège avant de t'asseoir !
d) Il est parti .... son manteau.
e) Tu as .... d'argent que ta sœur ; prête-lui deux euros.

3 Entoure le mot invariable qui convient et complète les phrases.

a) .... nous allons visiter le musée de la marine. *(hier – aujourd'hui – jadis)*
b) Il a rangé ses jouets .... son coffre. *(sous – sur – dans)*
c) .... tous ses efforts, il n'a pas réussi à gagner ce concours. *(cependant – mais – malgré)*
d) Il y a bien .... on se déplaçait à cheval. *(bientôt – longtemps – souvent)*
e) Dans les magasins, il court .... *(parmi – partout – jamais)*
f) Il fait très froid .... *(avant – beaucoup – dehors)*

4 Trouve le bon mot invariable parmi les mots suivants : **mieux – beaucoup – mais – jamais – Parfois – partout**.

a) Je suis malade, ... je me soigne !
b) Il faut mettre .... de sucre pour cacher l'amertume de ce fruit.
c) Il ne faut .... rouler à gauche sur les routes de France.
d) C'est .... pour la santé de manger cinq fruits et légumes par jour.
e) Martin n'a pas rangé sa chambre, il y a des jouets ....
f) ...., en automne, il y a du soleil jusqu'en octobre.

Leçon 54 — Les mots d'un même domaine

VOCABULAIRE

Pour l'adulte
Vous pouvez faire travailler l'enfant autour du **champ lexical** (du domaine) d'un mot et enrichir ainsi son vocabulaire. Par exemple, choisissez le mot « soleil » et faites-lui trouver tous les mots qui vont avec le mot soleil : étoile, jaune, astre, rayons, éblouissant, lumière, chaleur, ciel...

→ Les mots d'un même **domaine** sont des mots que l'on utilise **pour parler d'un même thème**.
Ex. : **Sable, plage, coquillage, vague, casquette, soleil...** → domaine : **la mer**
Neige, ski, luge, flocon, glacial, hivernal... → domaine : **l'hiver**

→ Parfois, une liste de mots peut appartenir à **plusieurs domaines** : sable, plage, soleil, etc. pourraient aussi appartenir au domaine de l'été.

1 Complète avec des mots du domaine de la mer.

a) Je borde souvent la mer et je file entre les doigts, je suis le ....
b) Je suis la zone de terre qui touche la mer, je suis la ....
c) En été, je brille dans le ciel, je suis le ....
d) Les enfants aiment me ramasser sur la plage, je suis un ....
e) Je protège du soleil, je me porte sur la tête, je suis une ....

2 Complète avec des mots du domaine de l'école.

a) Après la crèche, on va à l'école ....
b) À partir du CP, on va à l'école ....
c) La personne qui dirige l'école s'appelle le ....
d) Lorsqu'un élève parle trop en classe, on dit que c'est un ....
e) Quand je sors de la classe, je me range dans le ....
f) En récréation, je joue dans la ....

3 Trouve le nom du domaine des mots suivants.

a) casserole, assiette, cuillère → ....
b) chambre, salon, salle de bain → ....
c) short, chaussettes, bonnet → ....
d) crayon de couleur, feutres, peinture → ....
e) pain, croissant, farine → ....
f) café, thé, eau, chocolat, soda → ....

4 Entoure le nom de domaine dans chacune des listes suivantes.

a) album – conte – bande dessinée – livre – imagier
b) janvier – mois – décembre – mars – mai – juin – avril
c) yeux – nez – bouche – visage – lèvres – sourcils
d) coude – cou – genou – articulation – cheville
e) fourchette – couverts – couteau – petite cuillère
f) piano – instrument – tambour – flûte – violon
g) voiture – vélo – véhicule – camion – moto
h) rouge – bleu – orange – violet – couleur
i) automne – été – saison – hiver – printemps
j) ski – handball – boxe – sport – tennis

Leçon 55 — Quelques homonymes courants

VOCABULAIRE

→ Les **homonymes** sont des mots qui **se prononcent de la même façon**, parfois qui s'écrivent de la même façon, mais qui n'ont **pas le même sens**.
Ex. : Le maire de ma ville est allé à la mer avec ma mère.

→ Les mots **maire**, **mer** et **mère** sont des **homonymes**.
- le maire : 1er élu à la mairie
- la mer : l'océan, étendue d'eau
- la mère : maman

Pour l'adulte
L'acquisition de l'orthographe des homonymes vient avec l'usage. Il faut néanmoins que l'enfant connaisse les homonymes principaux, rencontrés de façon courante. Jouez avec lui en inventant des phrases amusantes : Mon **père perd** sa **paire** de lunettes.

1 Aide-toi d'un dictionnaire pour compléter les phrases avec les mots suivants : tente – tante – tente – col – colle.

Sa .... a acheté une belle .... pour les vacances. Ça la .... de vite l'essayer ! /
Il a taché le .... de sa chemise. Il va utiliser son tube de ....

2 Complète avec les homonymes suivants : poing – cent – sans – sang – point.

a) Jean a .... euros dans sa tirelire.
b) Je suis tombé, il y a du .... sur mon genou.
c) Heureusement c'est .... gravité.
d) Il faut mettre un .... à la fin des phrases.
e) Marc a reçu un coup de ....

3 Complète avec les homonymes suivants : mer – maire – mère – sol – sole.

a) J'ai rencontré le .... de la ville.
b) Le concierge a lavé tout le .... de l'entrée.
c) J'aime me baigner dans la .... l'été.
d) La .... de Paul s'est fait opérer hier.
e) La .... est un poisson plat.

4 Choisis le bon homonyme.

	lait	laid	verre	vert	ver
Mon chat adore boire du					
Je bois dans un					
Ce chien est vraiment					
Le .... de terre est rose.					
Prends ton stylo					

Si tu hésites, prends ton dictionnaire.

5 Coche le mot qui complète correctement chaque phrase.

	sole	sol	compte	comte	conte
Monsieur le .... habite un beau château.					
Je .... sur toi pour m'aider.					
Tu as bien nettoyé le					
La .... est un curieux poisson plat.					
J'adore les .... de fées.					

Leçon 56 — Les synonymes

VOCABULAIRE

→ Des mots **de même nature** qui ont à peu près **le même sens** s'appellent des **synonymes**.
Ex. : **délicieux = excellent = bon = exquis...**

→ Le synonyme d'un nom est un nom, le synonyme d'un adjectif est un adjectif, le synonyme d'un verbe est un verbe.
Ex. : **monter = grimper**
 voiture = automobile
 heureux = content

Pour l'adulte

Vous pouvez enrichir le vocabulaire de l'enfant en cherchant avec lui le plus grand nombre de synonymes d'un mot donné. Celui qui a perdu est celui qui n'en trouve plus. Vous pouvez choisir des verbes très communs comme « faire », qui ont beaucoup de synonymes plus précis : allumer, commettre, confectionner, construire, effectuer...

❶ Colorie de la même couleur les paires de synonymes.

| bateau | remède | cruche | pichet | navire |
| cochon | heureux | porc | content | médicament |

❷ Remplace le mot souligné par le bon synonyme :
ballon – luge – miroir – large – amusant.

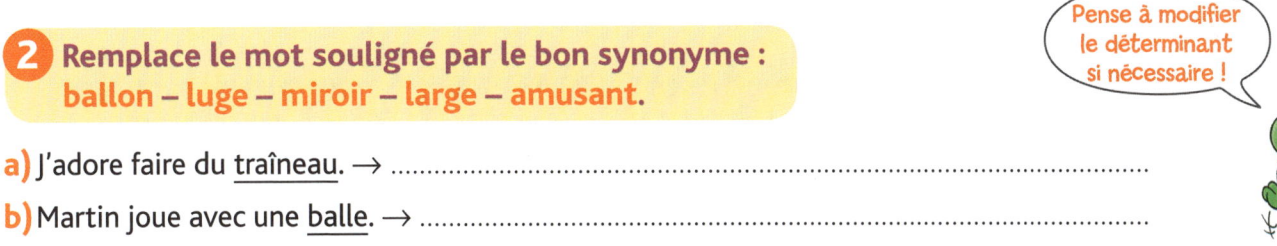

Pense à modifier le déterminant si nécessaire !

a) J'adore faire du traîneau. → ....
b) Martin joue avec une balle. → ....
c) C'est vraiment drôle. → ....
d) Mon pantalon est assez ample. → ....
e) La sorcière se regarde dans une glace. → ....

❸ Trouve un synonyme de même nature aux mots suivants.

a) un marin → un m............................
b) un livre → un b............................
c) vieux → â............................
d) troué → u............................
e) connaître → s............................

f) calme → t............................
g) fin → m............................
h) minuscule → p............................
i) étrange → b............................
j) escalader → g............................

❹ Remplace le verbe « faire » par un verbe plus précis :
mesure – pèse – construit – peint – exerce.

a) Il fait 50 kilos. → ....
b) Il fait 1 m 50. → ....
c) Il fait un joli tableau. → ....
d) Il fait un beau métier. → ....
e) Il fait une belle maison. → ....

Leçon 57 — Les contraires

VOCABULAIRE

Pour l'adulte
Trouver le contraire d'un mot peut parfois être compliqué pour un enfant. Pensez à lui faire chercher le mot dans le dictionnaire, car les contraires sont notés à la fin des définitions.

Des mots de même nature qui ont un **sens opposé** s'appellent des **contraires** : le contraire d'un nom est un nom, le contraire d'un adjectif est un adjectif, le contraire d'un verbe est un verbe.
Ex. : **monter** est le contraire de **descendre**
maigre est le contraire de **gros**
heureux est le contraire de **malheureux**

1. Colorie de la même couleur les mots de sens contraire.

épais
froid
gros
agité
fermé

chaud
ouvert
calme
fin
maigre

Un contraire s'appelle aussi un antonyme !

2. Choisis le contraire des mots entre parenthèses parmi : petit – plaine – pleure – humide – noir.

a) La souris est un *(gros)* .... animal.
b) C'est un paysage de *(montagnes)* ....
c) Je *(ris)* ....
d) Le climat est *(sec)* ....
e) C'est un chien *(blanc)* ....

3. Entoure le contraire des mots soulignés.

a) courageux : brave – peureux – vaillant
b) aimable : agréable – charmant – désagréable
c) instruit : cultivé – ignorant – expérimenté
d) silencieux : muet – bavard – discret
e) rapide : vif – alerte – lent

4. Écris le contraire des mots suivants.

a) vider : ....
b) diminuer : ....
c) faible : ....
d) nuit : ....
e) étroit : ....
f) sortir : ....
g) dedans : ....
h) dessus : ....
i) monter : ....

5. Trouve le bon contraire des mots soulignés.

a) Il est coupé en <u>fines</u> tranches. → ....
b) Nous sommes <u>tristes</u> pour toi. → ....
c) Cet insecte a de <u>longues</u> pattes. → ....
d) C'est un enfant très <u>bruyant</u>. → ....
e) Ce jeune chien est <u>turbulent</u>. → ....
f) C'est un animal très <u>lent</u>. → ....
g) Cette branche est trop <u>basse</u>. → ....

Leçon 58 — Les familles de mots

VOCABULAIRE

Pour l'adulte
Vous pouvez choisir un nom, puis demander à l'enfant des mots de la même famille qui soient successivement d'autres noms, des verbes, des adjectifs dérivés de ce mot. Vous pouvez aussi proposer des mots parmi lesquels il y aura un intrus que l'enfant devra retrouver.

Ex. : **Terre** → **terr**estre ; **terr**asse ; en**terr**er ; dé**terr**er ; **terr**ien ; **terr**assier...
À partir du **radical** « terr », on peut fabriquer des mots dérivés en lui ajoutant des **préfixes** ou des **suffixes**. Tous ces mots constituent **une famille de mots**.

1 Barre l'intrus.

a) lit – literie – livre – alitée
b) malade – maladie – maladif – mal – mâle
c) carton – cartonné – car – cartonnage
d) bord – bordure – border – bordeaux
e) poisson – poisseux – poissonnier – poissonneux
f) lourd – lourdeur – louve
g) charmer – charger – charmant
h) dévoilé – voler – voile
i) salé – salade – salant
j) nominal – nommer – nombre

2 Trouve le radical des mots de la même famille.

Ex. : **magicien – magique – magie → magi-**

a) balayette – balayer – balayeuse → ....
b) baignade – baigner – baignoire → ....
c) dentifrice – dent – dentiste → ....
d) voler – vol – voleter → ....
e) laitier – laitière – laiterie → ....
f) clair – éclairage – éclairé → ....

3 Complète avec des mots de la famille de clair.

Il fait très sombre, il manque de .... / Grâce à cette lampe, on a un bon .... dans ma chambre. / Il y a de l'orage, j'ai vu un .... / Je n'y comprends rien, tu peux m'.............................. ? / Tu n'articules pas assez, parle plus ....

4 Écris un mot de la même famille en t'inspirant de la lettre muette en gras.

a) un abrico**t** → ....
b) le tro**t** → ....
c) un poin**g** → ....
d) l'Orien**t** → ....
e) le galo**p** → ....
f) un sau**t** → ....

5 Complète avec des mots de la famille de bois qui te sont proposés.

a) Ce parfum a une note ....
b) Après une coupe de bois, il faut .... la montagne pour que de nouveaux arbres poussent.
c) Papa a repeint toutes les .... de la maison.
d) Il y a trop d'arbres dans cette forêt, il va falloir la ....
e) C'est l'Office national des forêts qui s'occupe du .... de la France.

- reboisement
- reboiser
- boiseries
- boisée
- déboiser

Leçon 59 — Ranger des mots par ordre alphabétique

VOCABULAIRE

Pour l'adulte
1. Faites apprendre à l'enfant l'alphabet par groupe de lettres : ABCD EFGH IJKL...
2. Faites manipuler le dictionnaire par l'enfant le plus souvent possible, pour l'habituer à la recherche des mots par ordre alphabétique.

→ Dans un dictionnaire, les mots sont rangés dans l'ordre alphabétique, c'est-à-dire dans **l'ordre des lettres de l'alphabet** : ABCDEFGHIJKLMNOPQRSTUVWXYZ.

→ Pour ranger les mots dans l'ordre alphabétique, on regarde tout d'abord leur 1re lettre :
Arbre   **B**ateau
Arbre est avant **B**ateau, parce que **A** est avant **B** dans l'alphabet.

→ Si deux mots commencent par la même lettre, on doit regarder leur 2e lettre :
Ar**b**re   **A**v**i**on
Arbre est avant **A**vion, parce que **r** est avant **v** dans l'alphabet.

1 Range les mots suivants dans l'ordre alphabétique.

a) salamandre, crapaud, grimoire, écu → ....
b) bateau, lac, voile, eau, vent → ....
c) neige, pluie, nuage, orage, tempête → ....
d) tortue, lézard, crocodile, serpent, boa → ....
e) maison, cabane, tente, caravane, tipi → ....

2 Numérote les mots pour les ranger dans l'ordre alphabétique.

salsifis	pomme	radis	tomate	banane
....	....	....	....	....

Pour t'aider, récite l'alphabet dans ta tête.

3 Place le mot souligné à la bonne place pour respecter l'ordre alphabétique.

a) prince : .... – fée – .... – ogre – .... – roi – ....
b) citron : .... – banane – .... – kiwi – .... – orange – ....
c) gorille : .... – abeille – .... – cheval – .... – fouine – ....
d) pantalon : .... – bermuda – .... – chemise – .... – short – ....
e) voiture : .... – camion – .... – moto – .... – vélo – ....

4 Ces mots sont rangés dans l'ordre alphabétique. Vrai ou faux ?

	vrai	faux
musique – mer – soleil – vacances		
Alpes – Cévennes – Pyrénées – Vosges		
vélo – auto – moto – train		
crayon – dessin – encre – peinture		
bleu – blanc – rouge – vert		

5 Range les mots suivants dans l'ordre alphabétique.

a) babouin – babine – babouche – bassine
→ ....
b) raconter – racine – racler – radeau
→ ....
c) ridiculiser – rideau – ride – ridicule
→ ....

Leçon 60 — Utiliser le dictionnaire pour trouver le sens d'un mot

VOCABULAIRE

Pour l'adulte
Dans le dictionnaire Hachette junior on trouve les noms propres en bleu et les noms communs en violet.

→ Dans le dictionnaire, les mots sont rangés par **ordre alphabétique** :
ABCDEFGHIJKLMNOPQRSTUVWXYZ

→ Pour trouver rapidement un mot, on a écrit en haut de chaque page du dictionnaire **deux mots-repères** : le mot-repère de la page de gauche correspond au premier mot de la double page, et le mot-repère de la page de droite correspond au dernier mot.

- **mot-repère** : digression ... diocèse
- **nature du mot**, **genre du mot**
- **sens du mot**, numérotés quand il y en a plusieurs
- **exemples** en italique

---

1. Les mots suivants sont dans la page du dictionnaire ci-dessus. Vrai ou faux ?

	vrai	faux		vrai	faux
a) dilapider	☐	☐	e) dilatation	☐	☐
b) documentaire	☐	☐	f) drôle	☐	☐
c) sauterelle	☐	☐	g) diminutif	☐	☐
d) dîner	☐	☐	h) dinosaure	☐	☐

2. Cherche dans ton dictionnaire la nature des mots suivants.

a) une : ....
b) maison : ....
c) Disney : ....
d) rouge : ....
e) sagement : ....
f) de : ....

3. Cherche dans ton dictionnaire deux mots de la même famille que les mots suivants. Copie-les.

a) blanc : ....
b) chanter : ....
c) montagne : ....
d) sagement : ....
e) épais : ....
f) pleurer : ....
g) rougeur : ....
h) paisiblement : ....

CE2 - 8/9 ans

POUR COMPRENDRE
TOUTES LES MATIÈRES

Découvrez l'ouvrage le plus complet pour accompagner l'enfant dans toutes les matières, tout au long de l'année !

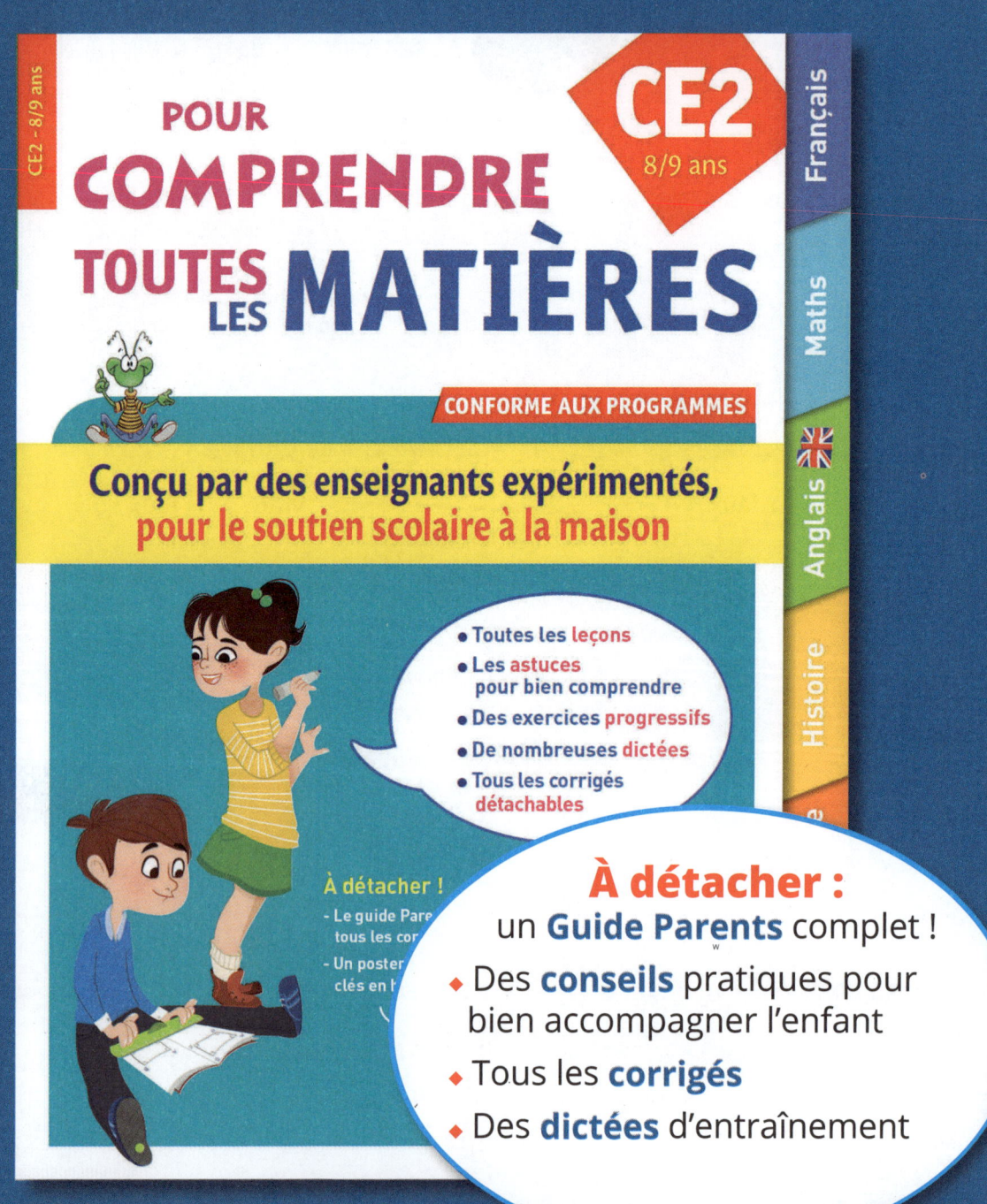

Français | Maths | Anglais | Histoire | Géographie | Sciences

POUR COMPRENDRE TOUTES LES MATIÈRES
CE2 8/9 ans

CONFORME AUX PROGRAMMES

Conçu par des enseignants expérimentés, pour le soutien scolaire à la maison

- Toutes les leçons
- Les astuces pour bien comprendre
- Des exercices progressifs
- De nombreuses dictées
- Tous les corrigés détachables

À détacher !
- Le guide Parents tous les co...
- Un poster clés en h...

À détacher : un **Guide Parents** complet !
- Des **conseils** pratiques pour bien accompagner l'enfant
- Tous les **corrigés**
- Des **dictées** d'entraînement

hachette ÉDUCATION